JAPAN セルフマネジメント協会

原 田 隆 史 ── 監修

TAKASHI HARADA PRESENTS

目標達成 ノート

SELF-ESTEEM
TRANSFORMATION
ACTION
ROUTINE

STAR PLANNER

STAR（星）は、輝ける未来の象徴です。Self-esteem（自尊感情）、Self-efficacy（自己効力感）、Self-awareness（自己認識）のS、Transformation（自己変容）のT、Action（行動）のA、Routine（習慣）のRを組み合わせて出来上がるのがまさに「STAR」になります。つまり、自尊感情、自己効力感、自己認識を高め、自己変容のための行動の習慣を身につけて、あなただけのSTARを手に入れてほしい。この手帳のタイトルにはそんな願いを込めました。

STARプランナーへ
ようこそ!

みなさん、はじめまして。原田隆史です。

「すぐれた人格・人間力を土台に、成果・パフォーマンスを確実に発揮する自立型人間」。
その育成を実現するのが、20年にわたる教師生活のなかで私が完成させた
「原田メソッド」です。その絶大な効果は多くの企業の経営者の方の関心を呼ぶことになり、
教職を辞したのちは、「原田メソッド」をさらに進化させた
「自立型セルフマネジメント」を確立しました。
「自立型セルフマネジメント」はこれまで、
ユニクロ、カネボウ化粧品、野村證券、中外製薬工業、キリンビールなど
約350社に導入いただき、のべ7万人のビジネスパーソンの目標達成をサポートしてきました。
プロのスポーツ選手、芸能関係者など、さまざまなジャンルで活躍する方々にも
実践していただき、大きな成果を上げています。
また、教育業界からは、「非認知能力」育成メソッドとしての高い評価をいただいています。
「非認知能力」とは、例えば授業内容を理解したり、
公式を暗記したりする「認知能力」とは全く別の能力で、
今後の教育における最重要なテーマとなっているものです。
少子高齢化やIT化、そしてグローバル化がさらに急速に進行していく未来の姿は
誰にも想像がつきません。そんな不確定な未来に向けては、自分でゴールを設定し、
さまざまな人たちと協同しつつ課題を乗り越えて、
自分の人生を切り拓いていく力が必要とされます。それこそが、非認知能力であり、
「自立型セルフマネジメント」によって身につく「考える力」「行動力」「リーダシップ」
そして「人間力」は、まさにその根幹をなすものなのです。

そんな「自立型セルフマネジメント」を、もっと多くの人たちにもっと気軽に実践してほしい。
そんな私の思いを形にしたのが、2015年に刊行したSTARプランナーです。

おかげさまでたくさんの方にご使用いただき、「書き込むだけで自分の行動が変わった」と
各方面から大変な好評をいただきました。

今回、装いも新たにお届けする、「目標達成ノート　STARプランナー」
には、

1. 「たくさんの気づきから明確な目標設定ができる」オープンウィンドウ64
2. 「目標達成のモチベーションを高める」目標・目的設定用紙（スターシート）
3. 毎日書き込むことで「**自信を高める**」日誌（ジャーナル）
4. 「成功習慣を身につける」ルーティンチェック表

という、「自立型セルフマネジメント」の 4大ツールをすべて盛り込みました。

このノートに毎日書き込むことで、私のメソッドを今日から誰でも、すぐに実践できます。

今回新たに加えた「オープンウィンドウ64」は、目標達成をより強力にサポートする
「自立型セルフマネジメント」オリジナルのツールです。

「目標・目的設定用紙（スターシート）」と合わせて使用することで、

より多くの気づきが生まれて、明確な目標設定と行動設定が可能になります。

今やプロ野球界の至宝とも呼ぶべき存在であるロサンゼルス・エンゼルスの
大谷翔平選手が高校1年生の時、

「8球団からドラフト一位指名を受ける」という目標を
立てた際に使用したツールとして、テレビや新聞などでも
紹介されましたので、

目にしたことがある方もいらっしゃるかもしれません。

「オープンウィンドウ64」の特徴は、

中央に掲げた目標達成のために必要な要素、

実践すべき行動が1枚のシートにすべて落とし込めることです。

大谷選手の素晴らしいところは、

それらを欠かさず毎日実行したことで、それゆえに

「プロ野球選手になる」という夢は達成されたのです。

原田メソッドの誕生秘話

もともと私は保健体育の教師でした。

私の教師人生が大きく変わったのは35歳のとき。

大阪市にある公立中学校に赴任したことがきっかけです。

当時、その学校は、いわゆる荒れた学校でした。

教師や大人を信用できず、あからさまに敵意をむき出しにする子。

教室を抜け出し、それに対する罪悪感さえもてない子。まわりからの指導を一切受け入れない子。

そんな子がたくさんいて、中には、犯罪行為に手を染める子もいました。

そしてその多くは、家庭の教育がいきとどかなかったり、養育を放棄されたり、

経済的に恵まれない、といった境遇にあり、

そもそも大人が子ども以上に荒れた生活をしているというケースも珍しくなかったのです。

同じ地域に住んでいても、親が裕福で教育熱心な家庭の子の多くは、

小学生の頃から塾に通って近隣の私立中学校に進学する。

そんなムードも彼らの劣等感を増幅させていました。

経済的な格差が教育の格差につながり、その影響を子どもたちがもろに受けていたのです。

生徒指導担当という役割を与えられ、どうにかして彼らを変えなければ!と

責任感と使命感に燃えてはいたものの、目の前にいる子どもたちは、

これまでの教師生活で私が指導してきた子どもたちとは明らかに違います。

今までやってきたのと同じ方法でうまくいくとは到底思えず、私は悩み、教育学や心理学の本を

片っ端から読んだり、優秀なコーチやトレーナーにつき、さまざまな方法を研究しました。

そんななかで、元気・やる気というものが、そもそもどこから生まれてくるかといえば、

それは「未来設定」なのだということを知りました。自分の理想や夢など、なにかしらの

ゴールを設定してこそ、心のエネルギーが高まり、元気ややる気がみなぎっていく、というのです。

私は、これだ! と思いました。

それまでの13年間の教師生活での経験を振り返ってみても、確かに、

明確な目標をもった子どもというのは、いつも生き生きと目を輝かせ、大人が手を貸さなくても、

十分なやる気も元気も持ち合わせていた事実を思い出したのです。

表面的な問題行動の裏には、**自信**が極めて低く、元気もない、やる気もない、

そして夢もないという子どもたちの心の問題があることにすでに気づいていた私は、

その未来設定、つまり夢づくりや目標設定を徹底的にやらせてみようと決心しました。

原田式長期目的・目標設定用紙

氏名		記入日（やると決めた日） H12.7.25（火）	目標達成日 H12.8.22（火）

| 奉仕活動 | （家庭）私は、毎日 皿洗い（食後）風呂そうじ（入浴後）します。（職場）私は、毎日 昼休み・練習後 石及びサンダルのチェックします |

| 達成目標 | 1. 私はH12年8月22日に、18H00を投げて日本一に。原田先生を日本一の指導者にします。
2. 私はH12年8月22日に、18H00を投げて日本一に。高校進学の奨学金を得て親の心配をへらします。
3. 私はH12年8月22日に、18H00を投げて日本一に。地域の後輩に誇り、夢、自信を与えます。
4. 私はH12年8月22日に、18H00を投げて日本一に。親に感謝を伝え恩返しします。 |

ゾーン	最高の目標	私は19H00を投げ 中学新記録で日本一になります。W1優勝・最優秀選手！
	中間の目標	私は18H38を投げ 大会記録を破り日本一になる日！！ド根性！！
	絶対できる目標	私は17H50を投げ 全国制覇、日本一になります！！ 必攻必確実！！
	今回の目標	私は18H00を投げ 全国優勝、日本一。男女W1優勝します！！

目的・目標の4観点			
	①原田先生が日本一の指導者になれる。 ②家族に記念写真をとり、家族の撮影の記念になる。 ③高校進学のお金の心配が減る。 ④原田先生・山崎谷先生が優勝の指導者章を手に出せる。 ⑤松虫陸上部の練習ムードが更に盛り上がり、練習の質が上がる。	有形	①史上初、同一種目日本一W優勝に日本一を達成できる。 ②歴史に名を残すことができる。 ③高校進学の条件が良くなる。 ④松虫の全中果を代表に貢献できる。 ⑤全員で喜ぶ姿を見ることができる。
	社会・他者	原田先生が喜んでくださる。	私
	①お世話になったみなさんを喜んでくださる。 ②地域に夢、誇り、自信を与えることができる。 ③松虫中学校が有名になることで元気になる。 ④チーム、後輩に私もできるという自信がつく。 ⑤松虫校という誇りが注目され、陸上がさらに人気が高まる。 ⑥次の日本一の女子がダブル優勝、日本一への勇気を得る。	無形	①先生、仲間に喜んでいただける。 ②達成感を味わうことができる。 ③自立型人間になる。 ④自分の力の活躍を期待できる。 ⑤大きな自信を手に入れる。 ⑥後輩の生きモデルになる。 ⑦JOで再び日本一の記録を得る。 ⑧親の恩返しできて自分自身もうれしい。

| 経過目標 | 8月8日 近畿大会
17H00優勝・祝総合V | 8月11日 奈良記録会
中谷先生のご指導で技術確認。 | 8月18日 松虫グラウンド
調整で19H50を投げ自信つける。 |

	成功の分析		失敗の分析	
メンタル	①緊張感、気分的から精神統一ができた。②全力投げり、自分を信じていた。③本当に喜んで感謝していた。④常にあたる気でいた。		①緊張という気持ちが高まった。②コントロールできなくて、その（量・不調・相性など）を理由にして自分に負けた。	
スキル	③練を強くした。④体の最後まで突き出した。③軸をつくりブロック、体重が高かった。③体重かけ引けた。		①頭を残す体が開いた。②体のブロックができず、足が前に出た。③肩が開いて突っ込んだ。④グリップが早かった。	
健康	①腰痛がなかった。②テニング下がった。③自分で体力の管理できた。④風邪ひきない。		①睡眠が足りなかった。②テニング不十分で疲れた。③ウエイト追い込めてなかった。④風邪で高熱が出た。	
生活	①学校内でトラブルもなく生活できた。②規律正しく、責任ある態度。③電話が外食なかった。		①学校でのトラブルがあった。②夜ふかした。③学校生活が乱れていた。	

	予想される問題点		解決策	
メンタル	①緊張との戦いかもしれない。②プレッシャーにおしかぶされるかも。③緊張して力と思い、日本に負けてしまう。		①原田先生やみんなの声で自信を、決断で心を。②楽しく思い、力を発揮する。③大会後のことを思い、緊張を力に。	
スキル	①体がひらく。②スピードが木木のスピードが速い。③下半身を使えない。④投げる瞬間にゆるむ。		①軸を残して頭を残す。②体のブロックで体重をのせる。③下半身を使い体で投げる。④投げる瞬間に締める。	
健康	①腰痛が出る。②発汗・指を痛める。③体を冷やし、風邪をひく。		①腰痛・場所のトレーニングを毎日やる。②週1回の治療。③テニング、PNFストレッチ。	
生活	①学校外でトラブルを起こす。②夏休みの宿題をためてしまう。		①遊びに行かない。②トラブルを未然に防ぐ。	

【ルーティン行動】※重要度が高い順に並べる		【期日目標】※発生期日順に並べる	
私は、毎日、心を整理し反省するために、日記を書きます。	8月9日迄 近畿大会総合優勝を帯し、士気を高める。
私は、毎日、感謝の気持ちを持って奉仕活動して、皿洗い、風呂そうじをします。	8月13日迄 記録会の記録を表にまとめ整理する。
私は、毎日、常を出る時、消した時、家の前の18ラインで、その位置を確認します。	8月15日迄 試合5日間調整メニューの下書きを完成させる。
私は、毎日、寝る前に全身のサイコフィジカルトレーニングを行います。	8月16日迄 調整計画を原田先生に提出する。
私は、毎日、朝一番で優勝に日本一ものつを毎日セルフイメージを高めます。	8月18日迄 全中のチームを確認し、セルフにする。
私は、毎日、練習の準備、片付けでは誰よりも率先して働きます。	8月19日迄 全中の自分の荷物の仕分け、準備を行う。
私は、毎日、朝練習で先生をお迎えを行い、感謝の気持ちを態度に表します。	8月19日迄 今里旅館に連絡し、治療を受ける。
私は、毎日、練習後の治療後に、股関節を10分×6セット行います。	8月20日迄 試合の目標を元気に言い、宣言で表に貼る。
私は、毎日、練習後、きず、指のアイシングを20分間行います。	8月21日迄 競技場でサイコフィジカルを行い、本番の調整をする。
私は、毎日、夜7時以降は家にします。	8月22日迄 試合当日にメンタルトレーニングを行いスタートさせる。

目標達成のための支援者	①原田先生 ②崎茂先生 ③中谷先生 ④山中 ⑤刈阪丸橋 ⑥チームの仲間 ⑦保護者 ⑧家族
目標達成のための支援内容	①心・技・体 生き方の一切のご指導 ②ご指導外（心の変化力）③技術指導 ④サポート、応援 ⑤応援、信じてほしい ①応援・バザー ②応援、食事、協力

Copyright © Harada Institute of Education. All Rights Reserved.

陸上部員が実際に書き込んでいた「原田式長期目的・目標設定用紙」。
どの項目もびっしり書き込まれている。（STARプランナーのフォーマットとは異なります）

6/8 (水) 晴れ　心 (90)　技 (90)　体 (95)　生活 (95)

朝：チキンライス、みそ汁、キウイ　昼：おにぎり、卵やき、ウィンナー、やきとり　夜：ごはん、トンカツ、菊菜

(ミーティング)
　朝：　マネージャーは 選手のように 賞状をもらえる ことがない。
　　しかし マネージャーがいないと 試合の 荷物番や シートの 見張りも
　　誰かが 順番に しないと いけない。
　　マネージャーがいてくれる ことに 感謝の気持ちを持つこと

メニュー　　朝 (○)　　放 (○)

朝 (パート)
　棒高　① 100TT (1本)　　② 4歩 (2分. 2本)　③ 6歩 (2分. 3本)
　　　④ 10歩 (2分. 2本)　⑤ (2歩 (4m. 3本)　⑥ ゴムバー (4m00. 6分. 4本)

放 (最大筋力)
　1. ベンチプレス (12×57.5, 10×60, 6×65, 6×67.5, 3×70) + HJ 10回
　2. 懸垂 (20回×3set) + 登り棒
　3. スクワット (12×60) + RJ 10回　　　　　今日の記録 100TT ① 14"19

(反省と感想)
　朝の100mは あと少しで 13秒台なので 次は 13"99を出す。6歩を 多めにして 振り上げの
　練習を 多くした。12歩では ポールを 立たせるために、グリップを 下げてから 上げるようにした
　ので、ポールの 立ち具合を 調節することができた。これで 毎回、ゴムバーをかけての 練習をする
　ことができているので、振り上げの 練習の 回数も 増え、4mを跳ぶ 振り上げが できるよ
　うになってきている。あとは 肩抜きができれば 4mは 跳べるので、意識していくむ
　ベンチプレスは かかとをつけて ふんばることが できた。スピードだけでなく 今日は 形も 意識
　してきたので 良かった。毎回やって 質を上げる。登り棒は このところ 腕だけで 登って
　いて 良い調子なので 次は 本数に こだわって チャレンジする。
　マネージャーが いてくれないと 練習も うまく まわらないし 時間管理も してもらっている。
　賞状を もらえないのに えらいなあと 思うし、感謝の気持ちをわすれず がんばりたい。

(今日の気づき) 全員 準備を 全力でしていた　(今日の心のツボ) 音楽を 聴いた。
(時間走) 18:10 帰宅 ～きがえ～ 体そう教室～ 19:45 リビング ～夕食～ 21:00 日誌
　～洗たくものたたみ～ 21:45 トレーニング ～風呂～アイシング～ 22:30 ねる
(明日すること)　　(○) Z会　(○) 写譜　(○) 数学問題集
(明日への一言)　　自分に きびしく!! NEXTや!!

こちらは陸上部員が実際に書き込んでいた日誌（ジャーナル）。前向きな言葉がたくさん並んでいる。
（STARプランナーのフォーマットとは異なります）

ただし、単に夢や目標を設定するだけでは、そのまま枯れてしまう可能性があり、
そうなってしまえばさらに**自信**を失うことになりかねません。
重要なのは、その実現への決意を持続できるような、枯れない夢や目標を描くこと。
そこで、コーチングの発想を取り入れ、枯れない夢や目標を設定させるための
フォーマットを考案しました。それが、「原田式長期目的・目標設定用紙」です。
それを自身が顧問を務める陸上部の部員たちに一斉に導入し、
その夢や目標に向かっていく自分のことを、
毎日振り返ることができるようにと日誌も書かせることにしたのです。

それを継続させる取り組みのなかで私は意外な、でも重要なことに気づきました。

それは**自信**というものは、毎日少しずつ高まっていくものなのだ、ということです。

実はそれまで、**自信**というものは、自分にとって難しいテーマを実現できたときに
倍数的に一気に高まるものだと私は思い込んでいました。
だからこそ彼らには何か大きなことをやり遂げさせてあげたくて、
その方法を必死で考えていたのです。
けれども、目の前にいる子どもたちは、日誌に毎日、
「今日のよかったこと」「がんばったこと」「陸上部としての成長」を
少しずつ書き込んでいくうちに、昨日より今日、今日より明日と、確実に**自信**を高めていたのです。
もちろん、彼らを変えようと心をひとつにした私やまわりの大人たちも、
彼らの**自信**を高める言葉かけなどを日々心がけてはいましたが、それと同時に、
彼らは自分で自分のよさに気づき、
自信を徐々に高めていったのです。
夢や目標に向かうエネルギーを持続させ、
日誌をつけることで毎日少しずつ**自信**を高めていった
子どもたちは、目標設定のプロセスで自分に
課していたルーティンがすっかり習慣になったころ、
ガラリと変わりました。
それは、まるで、シーソーが逆転するかような変容でした。
それまで大会でも結果を残すようなこととは
無縁だった陸上部が大躍進を始めたのです。

個人競技で13回連続の日本一、

約400校が参加する大阪府大会では12回連続男子総合優勝、5回連続の男女総合優勝――。

それがその後の陸上部の成績です。

陸上部には入部希望者が殺到しましたが、陸上部の劇的な変化は、

陸上部以外の子どもたちにも伝播していきました。

そして、学校や地域全体に**自信**が生まれ、中学校は見事に再生したのです。

この現象は教育の奇跡だと呼ばれ、多くのメディアでも紹介されました。

ちょうどその頃、OECDが進めている、国際的な学習到達度に関する調査（PIZA）で、

さまざまな分野で上位を独占したフィンランドに教育関係者の注目が集まっていました。

私もフィンランドに渡り、その教育の視察にいったのですが、そこで重視されていたのも、

未来設定と**自信**の育成。やはり自分のやり方は間違っていないのだ！　と私は確信し、

少しずつ改良を重ねながら「原田メソッド」を完成させ、

さらにそれを「自立型セルフマネジメント」へと進化させていったのです。

心 を 育 て な が ら 成 果 を 出 す

「自立型セルフマネジメント」の目的は、成果をあげることだけではありません。

たとえば、勉強はできるけれども、いじめに加担する。スポーツだけは得意だけど、

ほかのことには無関心。これではダメなのです。

私が考える自立とは、「人格という人の土台を自ら成長させながら、

結果・パフォーマンスを発揮すること」。

つまり、心とパフォーマンスのバランスがとれている理想の状態のことです。

もちろん両方が大事であることはこれまでも言われてきたことですが、それまでの教育現場では、

心を育てるために「道徳」の時間を設けるなど、心を育てることと勉強などの成果を

高めることを別々に行っていました。けれども、「自立型セルフマネジメント」では、

パフォーマンス（成果）を高めていくことと、心を育てることを、同時に並行して行います。

1. 未来を描く→心を使う

2. 清掃、奉仕活動、エコ活動 → 心をきれいにする

3. 日誌や活動を継続する → 心を強くする

4. 毎日の振り返り → 心を整理する

5. 感謝の気持ちを持つ → 心を広くする

事実、私が指導していた陸上部でも、日本一という成果をあげる一方で、
チームの中で弱い立場にいる子に対してやさしく接する姿勢が自然と生まれ、
当然いじめなども一切起こらなくなりました。
お互いを認め合うことでチームの中の人間関係がとてもなめらかになっていったのです。
また、厳しい練習に根をあげることもなく、挫折しても自分の力で立ち直り、
私を始めまわりの人たちに対する感謝の気持ちを素直に口にするようになっていったのも、
彼らの心が育っていた証拠だと思います。
陸上部躍進の評判を聞きつけ、企業経営や、全国の先生方や、
企業の人材育成にたずさわる経営者や幹部たちが次々と見学に訪れましたが、
みなさんから絶賛の声をいただいたのは、子どもたちの残した結果だけではなく、
そういう子どもたちの学び方の態度や取り組む姿勢についてでした。
「こういう前向きな社員を育てたい!」というたくさんの声を聞き、
「自立型人間」こそが社会が求めている人物像であることを私はあらためて強く確信しました。
実際私が指導した元陸上部員たちも今、教師、医療関係者、警察官、介護福祉士、
経営者として、社会に貢献し、社会から必要される人材となって活躍しています。
彼らは人格を土台として、自らの能力を発揮し、自分の未来を自分で切り拓いたのです。

なぜ、STARプランナーで、自信が高まるのか

「原田メソッド」が生まれる舞台となった中学校が問題を抱えていた時代、
子どもたちに決定的に欠如していたのは「未来」と自信でした。
不況の影響が生活にまともにあらわれる地域の環境に加え、
裕福な子や成績のいい子はみんな近隣の私立に行くという状況。
そんななかで、自信をもてるのは、よほど心が強い子どもでしょう。
多くの子どもは自信がないがゆえに、自分の可能性を信じることもできず、どんどん消極的に、
また場合によっては自暴自棄になってしまっていたのです。
いわゆる「伸びる人」と「伸びない人」の差がどこにあるのか。
それはまさしく自信の差です。自分に自信がある人は「こうなりたい!」という
自分の未来のビジョンを描くことができます。
逆に自信がない人は「どうせ自分には無理」とそもそも未来を描く初めの段階で
立ち止まってしまうのです。目標を達成できたから自信を得るのではなく、

自信があるからこそ 目標が達成できるということも言えます。

自信というものは、とてつもない力を発揮するものなのです。

ただしやみくもに**自信**を高めなさいといっても、根拠のない**自信**など意味がありませんし、

そもそも根拠もないのに**自信**がもてる人はいないでしょう。

つまり、大切なのは、根拠のある**自信**、地に足がついた**自信**を得ることなのです。

心理学のなかに、人のやる気や元気を高めるためのひとつの方法として、

「自分で自分のことを認めたり、ほめる」というやり方があります。

私が、子どもたちに「今日のよかったこと」「がんばったこと」を毎日書かせたのは、

とにかく元気ややる気を自らで高めてほしかったからです。

どんな小さなことでもいい、ほめる基準は自分で決めていい、というルールを与えると、

子どもたちはひとつふたつと書き始めるようになりました。

その内容にすかさず赤ペンを入れ、私がさらにほめてあげると、

子どもたちはとてもうれしそうな顔をするのです。

それを毎日繰り返すうちに、子どもたちの表情が変わり、発言が変わり、態度や姿勢、

そして行動が変わり、さらに気持ちが高まって行くのを目の当たりにしました。

私が望んだとおり、元気ややる気がみなぎるようになり、そして**自信**が高まっていったのです。

また、日誌を書いているうちに同じ失敗を繰り返さなくなったのも大きな成果でした。

人間はリズムがあるので、毎週月曜日に必ず遅刻をするとか、

週末の午後になると必ずバテるとか、それぞれのリズムに合わせて特定の失敗の波が

繰り返し来ている様子が、日誌を書いていたらつかめるようになります。

わかるようになると、それを事前に回避できるようになり、失敗の可能性を減らすことができます。

自分が犯しがちなミスを今までのパターンから自ら悟って改善できるようになると、

人間というものは大きく成長し、それによってまた**自信**が高まるのです。

ただし、失敗を失敗だとネガティブに捉えすぎると、後悔ばかりが先にたち、

かえって**自信**を失うことにつながってしまいます。

そこで、失敗に関しては「もうもう一度、やり直せるなら」という問いかけに答える形で

書かせるようにしました。

少し捉え方を変えるだけで、スムーズに「失敗」と縁切りできて、

逆に**自信**も 高まり、さらに改善行動も見つけるようになります。まさに一石二鳥というわけです。

STARプランナーでは、日誌欄もスケジュール欄と並行して使用できるよう、

よりシンプルで使いやすいフォーマットにアレンジしています。

とはいえ、これを毎日書くのか、と思うと、多くの人は面倒だと思うでしょう。

実際、私が指導した子どもたちのなかにも最初は消極的な子もいました。

けれども、実際に始めてみると誰しも自分のプラスの変化に気づくようになります。

そうなればしめたもの。

とにかく最初は 3 日だけのつもりでよいので、まずは始めてみてください。

1日を振り返っても「今日よかったことなんてなにもない」というふうに

感じてしまうことがあるかもしれません。

けれども、「よかったこと」つまり、**自信**は日々のあらゆるところに散らばっているのです。

「指示通りに資料を作成できた」「○○さんの役にたてた」

「たまっていたメールの返信をすべてかたづけた」といった小さなことで十分です。

STARプランナーを書き始めることで、

そういう小さな「よかったこと」をきちんと自覚し、見つけるくせがつき、

その中から小さな**自信**を心に蓄えていくことができます。

また、失敗も「もし、もう一度やりなおせるなら」という発想で、

改善のための失敗だとプラス思考で捉えられるようになります。

ひとつひとつは小さなことでも、毎日積み重ねていくことで、揺るぎない、根拠のある**自信**、

地に足がついた大きな**自信**を得ることができるのです。

さあ、さっそく今日からSTARプランナーで、コツコツと**自信**を育てていきましょう。

毎日積み重ねた確固たる**自信**は、

あなたの想像をはるかに超える大きな力を発揮するはずです!

素晴らしい人生にようこそ。始めましょう!

スケジュール＆ジャーナル欄　記入例

今週のタスク
数字なども入れ、
できるだけ具体的に書きましょう。

スケジュール欄
単に予定を書いておくだけ
では不十分。前日に、翌日の
自分の行動をイメージしながら、
詳細に、かつ詰め込みすぎず、
書くことがポイントです。
また、実行できたこと、
できなかったことを
しっかり振り返り、○や×で
示したり、できた項目は
二重線で消したりして
見える化しましょう。

隙間時間の活用は
習慣形成につながるので
GOOD！

「〜しなければならない」
ものばかりではなく
「〜したい」と思える
自分がワクワクする
ようなことも、どんどん
自由に書き込みましょう。

こういう小さな出来事を
書くことで、自分の理想の
行動をイメージするのに
役立つのでGOOD！

9月

今週のタスク
仕事：今月個人売上目標 1,500万円達成のため、今週はA様から契約いただく！
プライベート：ダイエット マイナス5kgへの道。今週あと0.5kg痩せて達成！⇒ 達成したら日曜はディズニーランドへ行くぞ

9/14 MONDAY	9/15 TUESDAY	9/16 WEDNESDAY	9/17 THURSDAY	9/18 FRIDAY
今日必ずやること				
・A様用プレゼン資料作成	・A様プレゼンのリハーサル	・A様最終プレゼン → ご契約	・営業部ミーティング 資料作成	・営業部ミーティング 資料作成
・ジムで500m以上泳ぐ	・社内勉強会	→ ごほうび食事へ☆	・ジムで500m以上泳ぐ	・若手営業交流会
	・ストレッチして寝る			・ストレッチ
6 起床	起床	起床	起床	起床
7 出勤 ↕ 読書	出勤 ↕ 読書	出勤 ↕ 読書	出勤 ↕ 読書	出勤 ↕ 読書
8 朝礼	朝礼	朝礼	朝礼	朝礼
9 メールチェック	チェック	チェック	チェック	チェック
10 A様用資料作成	A様プレゼンリハーサル（原田部長）	商談準備	資料集め	資料作成
11 → チェックもらう		A様最終プレゼン → ご契約		→ 完成
12 同期メンバーでランチ会	ランチミーティング		ランチ	ランチ
13 資料修正	社内勉強会 参加	ランチ	資料作成	外回り（渋谷エリア）
14 → OKもらう		外回り（目黒エリア）		
15 tel 営業（10本）			→ 完成	
16	tel・ハガキ作成		tel・ハガキ作成	営業交流会
17 ミーティング	外回り（渋谷エリア）	ミーティング		
18			B様訪問（恵比寿）	食事会
19 ジムで泳ぐ	ショッピング＆食事		ジムで泳ぐ	
20	1駅分歩いて帰る！	ごほうび食事デート お台場		
21 食事			食事	
22 リラックスタイム（DVD観る）	リラックスタイム（ストレッチ）		リラックスタイム	
23				
24 就寝	就寝	ストレッチ 就寝	就寝	ストレッチ
1 就寝				就寝

今週感じたいプラス感情
その感情をイメージしながら書けば、
モチベーションがぐっと高まります。

ルーティン行動
ルーティンはできるだけ7項目書き込み、
その実行の可否を毎日チェックしましょう。

3週間連続して○がついたものは習慣化したと判断し、その項目は外して、月ごとの最終のページにある「今月習慣化できたルーティン行動」の欄に移動させてください。

やれない日には「×」ではなく「／」を使い「できなかった」と「できるのにやらなかった」をはっきり区別していてGOOD!

反省や、できなかったことだけで終わっているのでもうひと息!

改善の種を見つける内容になっていてGOOD!

日曜日欄は、今週の振り返り欄としても使えます。

今週感じたいプラス感情

達成感 ♡ わくわく ♡ 自分に期待 ♡
やればできる ♡ 幸せ ♡ ありがとう

9/19 SATURDAY　9/20 SUNDAY

今日必ずやること
・朝活読書会 ○　　・達成記念
・ジムで最終調整 ○　　ディズニーランド
・体重測定 ○
（○ムズ○4kg達成）

ルーティン行動	月	火	水	木	金	土	日
1 営業力向上のため、毎日上司のアドバイスはメモに残す	○	○	○	○	○	／	／
2 ミス防止のため、朝礼後、遅刻時には報連相する	○	×	○	○	／	／	
3 毎週水・木はお客様にハガキを出す	／	○	／	○	／	／	
4 気持ちよく働くため、相手より先にあいさつをする	○	○	○	×	／	／	
5 家の玄関のくつは毎日向きを変える	×	×	○	○	○	○	
6 毎日体重計に乗り、体重をチェックする	○	×	○	○	○	○	
7 デスクをキレイにしてから退社する	○	○	○	×	／	／	

今日のよかったこと、今日気づいたこと	今日をもう一度やり直せるなら
MONDAY　A様の資料を本日中に完成することができた。入社当初は今の何倍も時間がかかっていたので、自分の成長を感じる瞬間だった。	ミーティングが長引かないように、配布資料はA4 1枚にポイントを絞ってまとめるようにする。
TUESDAY　プレゼンのリハーサルでは、原田部長に資料の出来栄えをほめていただけた ☺	訪問先に遅刻しそうになったので、アポの間隔は30分以上のゆとりを持つようにする。
WEDNESDAY　今日は気持ちを切り換えて、自分との約束を守ることを意識したら、なんだかにゆとりができ、A様の商談にも意欲的にのぞめた。	思ったより寒い日だった。明日からも天気が悪いみたいだから、カバンにストールを入れておこう。
THURSDAY　B様のところへ訪問した際に、前回訪問時にすすめていただいた本を読んだことを伝えたらとても喜んで下さった。	ミーティングの資料が突然の電話対応に追われて完成できなかった。あと少しだったのに…。
FRIDAY　ルーティン行動を今日は全て○にすることができた。ひとつずつの不要み重ねが大切と言っていた上司の言葉をとても納得できた。	今朝の朝礼では部内の雰囲気が暗かったので、月曜日は朝一で率先して元気な挨拶をする!!
SATURDAY　今日は目標の体重をきちんと達成することができた!!周囲のがんばりや周りくどうの励ましの言葉にとても力をもらった。ありがとうございます♡	先月読むことを約束していた本を忘れていて、とても気になずかしい…。すぐネットで注文するクセをつける。
SUNDAY　今週を振り返り、目標に向けてヒントになった言葉や出来事を書いておきましょう　☆「今できることの継続ととり ゼリが心を強くする」　☆感謝は先取りする　☆「敵は誰ですか?」「私です」	今週を振り返り、今後に向けて改善したいことを書いておきましょう　・達成したことで気をゆるませるのではなく、よい習慣はこれからも続けていく

時間軸欄（左側）:
6
7　起床　　　起床
8
9　読書会　　出発
　（@代官山）○
10
11　　　　　　ディズニー
12　　　　　　ランド ♪
13
14　ジム　　　○
15
16
17
18
19　映画　　　○
　（19:20〜）
20
21　食事
　（@中目黒）
22
23　来週のスケジュール記入する! ○
24
1
2

今日のよかったこと、今日気づいたこと
どんなに小さなことでもいいので、どんどん自画自賛しましょう!

今日をもう一度やり直せるなら
うまくいかなかったことの改善策を考えてみましょう。

プラス感情を表す言葉集

プラス思考は「自立型セルフマネジメント」の重要なカギ。
プラス思考に自分を導くには、自分をワクワクさせるようなプラスの感情を
日常で強く意識することが大切です。
「スケジュール＆ジャーナル欄」「オープンウィンドウ64 未来思考編・実践思考編」「スターシート」に
書き込むときも、ここにあげるような「プラスの感情を表す言葉」を積極的に使ってワクワク感を高めましょう。

あ
愛嬌のある
愛情に満ちた
愛する
愛想のよい
明るい
あこがれる
朝めし前
鮮やかな
味わい深い
温かい
頭がよい
新しい
アッと言わせる
あっぱれな
安心する
安全な

い
生き生きとした
イケてる
勇ましい
偉大な
いたわる
一流の
一切の
いっぱい
いとおしい
祈る
印象的な

う
ウキウキする
美しい
うっとりする
腕を磨く
うまい
うれしい

え
影響力のある
栄養のある
エネルギッシュな
エンジョイする

お
大きくなる
おしゃれな
穏やかな
落ち着く
おとなしい
驚くべき
お祭り気分の
おめでたい
思い出す
思いやりのある
面白い

か
快適な
輝いている
確信する
学問的な
賢い
価値のある
勝った
活動的な
金持ちの
カラフルな
かわいい
歓迎する
感激する
感じのよい
感謝する
簡単な
感動する
カンペキな

き
記憶する
気が利く
気がつく
基礎的な
決まっている
気持ちのいい
清い
驚異的な
器用な
協力的な
強力な
巨大な
キラキラ
気楽な
きらめく
規律正しい
きれいな
勤勉な

く
グー
空想的な
グッとくる
くつろいだ

け
計画的な
劇的な
激励の
元気いっぱいの
健康な
現実的な
建設的な

こ
恋する

き（右列）
好意的な
幸運な
光栄な
効果的である
好感のもてる
好奇心が強い
高級な
広大な
幸福な
公平な
声を出す
志す
心の温かい
心ひかれる
快くする
こなす
好む
この上もない

さ
叫ぶ
サッパリする
悟る

し
幸せな
自主的な
自信
静かな
自然の
親しみのある
実行する
しとやかな
社交的な
しゃれた
自由の
重要な
純粋な

右端列
準備する
正直な
上手な
情熱的な
上品な
丈夫な
女性らしい
調べる
知る
真実の
信じる
親切な
新鮮な
慎重な
信用できる

す
すがすがしい
すぐれた
すごい
スッキリする
素直な
素早い
素晴らしい
スポーツの
速やかな
澄んだ

せ
誠意ある
性格のよい
成功した
誠実な
精神的な
盛大な
成長する
生命の
勢力のある

責任がある
積極的な
宣言する
前進的な
全世界の
前途有望な
洗練された

そ
増加する
想像する
創造力のある
壮大な
聡明な
率直な
尊敬する

た
体験する
大切にする
ダイナミックな
タイムリーな
抱きしめる
たくましい
蓄えられた
確かな
助けになる
達成する
楽しい
断固とした

ち
知覚の鋭い
力強い
知能の高い
ちゃんとした
注意深い
忠実な
注目する
調子のよい
調和のとれた
直観力のある
チョロい

つ
通学する
努める
強くする

て
丁寧な
適任の
できる
電撃的な
テンションをあげる

と
堂々とした
透明な
ときめく
度胸をきめる
得意な
独創的な
特別な
トレーニングする

な
眺める
仲良くする
成し遂げる
名高い
なめらか
習う
慣れる

に
ニコニコする
任意の
忍耐強い

ね
熱心な
熱烈な
粘る

の
能力のある
乗り気な

は
激しい
働く
ハッキリする
発言する
はつらつとした
派手な
速い
晴れる
パワフルな

繁栄する
ハンサムな

ひ
惹かれる
びっくりさせる
秘密の
表情豊かな
評判の高い
敏感な
品行方正な
人付き合いのよい
人に好かれる
人を惹きつける

へ
平静な
平和な
変化に富む
勉強する

ほ
冒険的な
豊富な
朗らかな
誇る
ポジティブな
ホッとする
惚れる
本物の

ま
まじめな
待つ
学ぶ
真似る
満足な

み
見事な
認める
見習う
身につく
耳にする
耳を傾ける
魅力的な
見る

む
無邪気に

夢中にさせる
胸がワクワクする
胸をときめかす
胸を膨らませる

め
明確な
明瞭な
目覚める
目立った

も
申し分のない
猛烈な
燃えさかる
求める
物知りの

や
役に立つ
やさしい
休む
安らかな
やりくり上手
やる気を起こす
柔らかい

ゆ
優雅な
勇敢な
勇気がでる
優秀な
有能な
裕福な
有名な

ユーモアに富んだ
夢を見る

よ
よい
容易な
陽気な
余裕の
喜ぶ

ら
楽な
楽観する

り
リアルな
理解する
利口な
理想の
立派な
留学する
良心的な
リラックスする

れ
礼儀正しい
冷静な
練習する

わ
若い
わかりやすい
わかる
ワクワクする

目標設定で「心のエネルギー」を高める！

「目標設定」は「自立型セルフマネジメント」の重要な柱です。

体験セミナーなどでは、参加者の方にまずは目標設定に取り組んでいただいています。

ただ、「自立型セルフマネジメント」の目標設定には段階があり、

すべてを仕上げるには、それなりにまとまった時間も必要ですので、

STARプランナーでは、

まず日誌を書くことからスタートしていただく構成にしています。

もちろん、毎日日誌を書き続けるだけでも、

コツコツと**自信**を高め、「自立型人間」に必要な力を育てることはできますが、

その効果をさらに高めるためには、

やはり「目標設定」にも取り組んでいただきたいと思います。

巻末P.210からは、

「オープンウィンドウ64」（未来思考編・実践思考編）「目標・目的設定用紙」（スターシート）を

仕上げるためのコーチングページとなっています。

1日1ステップずつでかまいません。

じっくり時間をかけて、あなただけの「目標設定シート」を完成させてください。

「目標設定シート」が完成したあとは、日誌ページにもそれを反映させましょう。

詳しい方法については、P.229をご覧ください。

SCHEDULE & JOURNAL

» スケジュールや日誌を書くことをすぐに始めたい人は、
　次のページに進んでください
» 目標設定から取り組みたい人は、P.210へ進んでください

1ST MONTH

「書くこと」は
効果的な「イメージトレーニング」

「自立型セルフマネジメント」の基本は「書くこと」です。
なぜ、「書く」のかといえば、それは「心を使う」ためです。
たとえば、目標を文字にするとき、表面的な言葉だけを並べるのではなく、
「それを達成したときの映像やシーンを言葉で書き出す」という意識をもつことが大切です。
さらにそのときに感じるであろう感情、つまり、
目標を達成してワクワク・ドキドキする感情も想像して、
それも言葉にして書き出すようにしてください。
明確な未来設定に必要な3つの要素、
すなわち「映像やシーン」「得たい感情」そして「言葉」を頭のなかから
取り出し文字にすることが、
「書く」という行為なので、最高のイメージトレーニングになるのです。

なぜ、「イメージ」が大事なのか。

答えは簡単です。人はイメージを超える結果を出すことができないからです。

換言すれば、イメージできることは必ず実現できます。
明確で具体的なイメージを描くことで、
その実現の可能性が高まることは脳科学的にも証明されています。

これはなにも、将来的な夢や1年後の目標といった長期的な「未来」だけに
必要なことではありません。たとえば、明日のスケジュールを「書く」ときにも、
いかに具体的なイメージを描けるかが大切なのです。
単に「営業」や「電話」と書くのではなく、
営業なら、どこの誰を訪ねてどういう営業をするのか、
電話なら、なんのリストを使って何件かけるのか、
できれば1時間ではなく30分刻みくらいの行動計画を明確にしておくとよいでしょう。
義務感だけにさいなまれて予定をただなんとなく文字にしたり、
「面倒だなあ」などとネガティブな気分をもちながら書くのではなく、
やるべきことを達成したときの映像や感情をしっかりイメージしながら、
それを言葉にして書くことを意識しましょう。
そのイメージが具体的で強ければ強いほど、実行率や成功率は高まります。
毎日これを繰り返すことはイメージトレーニングの鍛錬になりますから、
結果的に、目標を達成する力が身につきます。

また、1日が終わってから今日のよかったことを文字にして書いているその瞬間に、
「自己肯定感」「自尊感情」が高まります。
「もし、もう一度やり直せるなら」という投げかけへの答えを発想し、
文字にして書いているときには、
心のなかですでに失敗はリセットされ、改善の未来思考に切り替わっています。
毎日の自分自身を振り返ることは、
自分が自分のコーチとなって、自分を成功に導く最高の"セルフ・コーチング"なのです。

STARプランナーの「スケジュール&ジャーナル」欄では、
「イメージ・トレーニング」のために「書く」こと、
「セルフ・コーチング」のために「書く」ことの両方が行えるようになっています。
スケジュール欄で「イメージ・トレーニング」の鍛錬をしつつ実行性を高め、
さらに振り返り欄に書き込むことで、自己肯定感を高め、改善の手がかりもつかむ。
つまり、未来のイメージ強化と**自信**を同時に育成することで、
目指す目標にスパイラルアップしながら確実に向かっていくという仕組みになっているのです。
さあ、さっそくその一歩を踏み出しましょう。

MONDAY	TUESDAY	WEDNESDAY

今月必ずやること

MEMO

THURSDAY	FRIDAY	SATURDAY	SUNDAY

/ MONDAY	/ TUESDAY	/ WEDNESDAY	/ THURSDAY	/ FRIDAY
今日必ずやること				

6

7

8

9

10

11

12

13

14

15

16

17

18

19

20

21

22

23

24

1

2

今週感じたいプラス感情

				ルーティン行動	月	火	水	木	金	土	日
			1								
			2								
			3								
			4								
			5								
			6								
			7								

/ SATURDAY	/ SUNDAY
今日必ずやること	

6

7

8

9

10

11

12

13

14

15

16

17

18

19

20

21

22

23

24

1

2

今日のよかったこと、今日気づいたこと	今日をもう一度やり直せるなら
MONDAY	
TUESDAY	
WEDNESDAY	
THURSDAY	
FRIDAY	
SATURDAY	
SUNDAY	
今週を振り返り、目標に向けてヒントになった言葉や出来事を書いておきましょう	今週を振り返り、今後に向けて改善したいことを書いておきましょう

/ MONDAY	/ TUESDAY	/ WEDNESDAY	/ THURSDAY	/ FRIDAY
今日必ずやること				

6

7

8

9

10

11

12

13

14

15

16

17

18

19

20

21

22

23

24

1

2

今週感じたいプラス感情		ルーティン行動		月 火 水 木 金 土 日

ルーティン行動	月 火 水 木 金 土 日
1	
2	
3	
4	
5	
6	
7	

/ SATURDAY	/ SUNDAY
今日必ずやること	
6	
7	
8	
9	
10	
11	
12	
13	
14	
15	
16	
17	
18	
19	
20	
21	
22	
23	
24	
1	
2	

今日のよかったこと、今日気づいたこと	今日をもう一度やり直せるなら
MONDAY	
TUESDAY	
WEDNESDAY	
THURSDAY	
FRIDAY	
SATURDAY	
SUNDAY	
今週を振り返り、目標に向けてヒントになった言葉や出来事を書いておきましょう	今週を振り返り、今後に向けて改善したいことを書いておきましょう

/ MONDAY	/ TUESDAY	/ WEDNESDAY	/ THURSDAY	/ FRIDAY
今日必ずやること				

6

7

8

9

10

11

12

13

14

15

16

17

18

19

20

21

22

23

24

1

2

今週感じたいプラス感情			

ルーティン行動	月	火	水	木	金	土	日
1							
2							
3							
4							
5							
6							
7							

/ SATURDAY	/ SUNDAY
今日必ずやること	

今日のよかったこと、今日気づいたこと	今日をもう一度やり直せるなら
MONDAY	
TUESDAY	
WEDNESDAY	
THURSDAY	
FRIDAY	
SATURDAY	
SUNDAY	
今週を振り返り、目標に向けてヒントになった言葉や出来事を書いておきましょう	今週を振り返り、今後に向けて改善したいことを書いておきましょう

6
7
8
9
10
11
12
13
14
15
16
17
18
19
20
21
22
23
24
1
2

/ MONDAY	/ TUESDAY	/ WEDNESDAY	/ THURSDAY	/ FRIDAY
今日必ずやること				

6

7

8

9

10

11

12

13

14

15

16

17

18

19

20

21

22

23

24

1

2

今週感じたいプラス感情

ルーティン行動　　　　　　月 火 水 木 金 土 日

	月	火	水	木	金	土	日
1							
2							
3							
4							
5							
6							
7							

/ SATURDAY	/ SUNDAY
今日必ずやること	

6

7

8

9

10

11

12

13

14

15

16

17

18

19

20

21

22

23

24

1

2

今日のよかったこと、今日気づいたこと	今日をもう一度やり直せるなら
MONDAY	
TUESDAY	
WEDNESDAY	
THURSDAY	
FRIDAY	
SATURDAY	
SUNDAY	
今週を振り返り、目標に向けてヒントになった言葉や出来事を書いておきましょう	今週を振り返り、今後に向けて改善したいことを書いておきましょう

/ MONDAY	/ TUESDAY	/ WEDNESDAY	/ THURSDAY	/ FRIDAY
今日必ずやること				

6
7
8
9
10
11
12
13
14
15
16
17
18
19
20
21
22
23
24
1
2

今週感じたいプラス感情

	SATURDAY		SUNDAY
今日必ずやること			

| 6 |
| 7 |
| 8 |
| 9 |
| 10 |
| 11 |
| 12 |
| 13 |
| 14 |
| 15 |
| 16 |
| 17 |
| 18 |
| 19 |
| 20 |
| 21 |
| 22 |
| 23 |
| 24 |
| 1 |
| 2 |

ルーティン行動

	月 火 水 木 金 土 日
1	
2	
3	
4	
5	
6	
7	

今日のよかったこと,今日気づいたこと	今日をもう一度やり直せるなら
MONDAY	
TUESDAY	
WEDNESDAY	
THURSDAY	
FRIDAY	
SATURDAY	
SUNDAY	
今週を振り返り,目標に向けてヒントになった言葉や出来事を書いておきましょう	今週を振り返り,今後に向けて改善したいことを書いておきましょう

今月を振り返り、目標に向けてヒントになった言葉や出来事を書いておきましょう。
今月出会ったワクワクするフレーズを書き留めたり、勇気をもらった写真、気になった新聞や雑誌の記事を貼っておくのもよいですね！

今月習慣化できたルーティン行動

2ND MONTH

「3日坊主」でも、そこから復活すれば「継続」である

STARプランナーを始めて1ヶ月が経過しました。
「明日のスケジュールを考えるのが楽しくなった」「スケジュールの実行力があがった」
「STARプランナーに書くと実現するようになった」
「昨日より今日の自分のほうがいい感じだと思えるようになった」……
そろそろ自分のなかにそんなプラスの「変化」が生まれている兆しを
感じ始めている人もいるでしょう。
でもなかには、最初の数日で挫折してしまい、あらためてスタートを切るために、
2ヶ月目のこのページを開いている、という人もいるかもしれませんね。
おかえりなさい！　よくぞ、戻ってきてくださいました。ありがとうございます。
世の中には、習慣形成の上手な人と下手な人というのが存在します。
でも、上手な人も下手な人も、
だいたい3〜4日で一旦挫折する、もしくは挫折しそうになるケースがほとんどです。
いわゆる「3日坊主」というものですね。
その「3日坊主」から復活できるか、否か。
それが、習慣形成がうまいか下手かの違いだというのを、

子どもたちの様子を見ていて強く感じました。
習慣形成が下手な子というのは、
3日で挫折したら、4日目からはもうそこに手をつけません。
けれども、上手な子は、たとえ挫折しても、
たとえば6日目とか10日目あたりから、知らん顔をしてまた始めるのです。
しかも、挫折するのは、1回とは限りません。
2回挫折し、3回挫折し、と挫折を何度も平気で繰り返しても、また見事に復活するのです。

そうすると、どうなるか。何度挫折しようとも、
トータルでやるべきことを実行した日数はちゃんと積み重なっていきます。
たとえ実行が断続的であっても、それは立派な継続なのです。
そして、そういう余裕をもった発想をすることが、
習慣形成の極意のひとつだと言えるでしょう。
STARプランナーが日付記入式になっているのも、
たとえ挫折しても、いつでも、"リスタート"していただくためです。

つまり、習慣形成を目指すときは、最初から完璧を目指す必要はないのです。
もちろん、1日も欠かさず続けられればそれに越したことはありませんが、
たとえ、途中で挫折してしまったとしても、
大事なのは結果的にトータルで何日実行できているか、ということです。

挫折を繰り返す場合には、
挫折に至るまでのスケジュール&ジャーナル欄を見直してみましょう。
そこに、自分が挫折するパターンが隠れている可能性があります。
たとえば、挫折するのは、必ず同じ曜日、というパターンが見つかれば、
なぜその曜日に挫折しがちなのかを考え、その原因を取り除く方法を考えることができます。
つまずきの原因がわかれば、それをなくすようにすれば、
挫折の繰り返しから脱出でき、それがまた、新たな**自信**となるでしょう。
前回3日で挫折したのに、
次は4日間、さらに次は1週間、と継続できる時間が延びているとしたら、
あなたはちゃんと成長しています。
そういう自分をちゃんとほめることもどうか忘れないでください。
それを繰り返していれば、
STARプランナーへの書き込みはすっかり習慣になるはずです。

MONDAY	TUESDAY	WEDNESDAY

_____ 月

今月必ずやること

MEMO

THURSDAY	FRIDAY	SATURDAY	SUNDAY

/ MONDAY	/ TUESDAY	/ WEDNESDAY	/ THURSDAY	/ FRIDAY
今日必ずやること				

6

7

8

9

10

11

12

13

14

15

16

17

18

19

20

21

22

23

24

1

2

今週感じたいプラス感情

ルーティン行動

	月	火	水	木	金	土	日
1							
2							
3							
4							
5							
6							
7							

/	SATURDAY	/	SUNDAY
今日必ずやること			

6

7

8

9

10

11

12

13

14

15

16

17

18

19

20

21

22

23

24

1

2

今日のよかったこと、今日気づいたこと	今日をもう一度やり直せるなら
MONDAY	
TUESDAY	
WEDNESDAY	
THURSDAY	
FRIDAY	
SATURDAY	
SUNDAY	
今週を振り返り、目標に向けてヒントに なった言葉や出来事を書いておきましょう	今週を振り返り、今後に向けて改善したい ことを書いておきましょう

/ MONDAY	/ TUESDAY	/ WEDNESDAY	/ THURSDAY	/ FRIDAY
今日必ずやること				

6
7
8
9
10
11
12
13
14
15
16
17
18
19
20
21
22
23
24
1
2

今週感じたいプラス感情

ルーティン行動

	月	火	水	木	金	土	日
1							
2							
3							
4							
5							
6							
7							

/ SATURDAY	/ SUNDAY
今日必ずやること	

6

7

8

9

10

11

12

13

14

15

16

17

18

19

20

21

22

23

24

1

2

今日のよかったこと、今日気づいたこと	今日をもう一度やり直せるなら
MONDAY	
TUESDAY	
WEDNESDAY	
THURSDAY	
FRIDAY	
SATURDAY	
SUNDAY	
今週を振り返り、目標に向けてヒントになった言葉や出来事を書いておきましょう	今週を振り返り、今後に向けて改善したいことを書いておきましょう

/ MONDAY	/ TUESDAY	/ WEDNESDAY	/ THURSDAY	/ FRIDAY
今日必ずやること				

6
7
8
9
10
11
12
13
14
15
16
17
18
19
20
21
22
23
24
1
2

今週感じたいプラス感情

/ SATURDAY	/ SUNDAY
今日必ずやること	

6
7
8
9
10
11
12
13
14
15
16
17
18
19
20
21
22
23
24
1
2

ルーティン行動　　　　　　　　　月 火 水 木 金 土 日

	月	火	水	木	金	土	日
1							
2							
3							
4							
5							
6							
7							

2ND MONTH

今日のよかったこと、今日気づいたこと	今日をもう一度やり直せるなら
MONDAY	
TUESDAY	
WEDNESDAY	
THURSDAY	
FRIDAY	
SATURDAY	
SUNDAY	
今週を振り返り、目標に向けてヒントになった言葉や出来事を書いておきましょう	今週を振り返り、今後に向けて改善したいことを書いておきましょう

/ MONDAY	/ TUESDAY	/ WEDNESDAY	/ THURSDAY	/ FRIDAY
今日必ずやること				

6

7

8

9

10

11

12

13

14

15

16

17

18

19

20

21

22

23

24

1

2

今週感じたいプラス感情

<table>
<tr><td colspan="2">ルーティン行動</td><td>月 火 水 木 金 土 日</td></tr>
<tr><td>1</td><td></td><td></td></tr>
<tr><td>2</td><td></td><td></td></tr>
<tr><td>3</td><td></td><td></td></tr>
<tr><td>4</td><td></td><td></td></tr>
<tr><td>5</td><td></td><td></td></tr>
<tr><td>6</td><td></td><td></td></tr>
<tr><td>7</td><td></td><td></td></tr>
</table>

/ SATURDAY	/ SUNDAY
今日必ずやること	

6
7
8
9
10
11
12
13
14
15
16
17
18
19
20
21
22
23
24
1
2

今日のよかったこと、今日気づいたこと	今日をもう一度やり直せるなら
MONDAY	
TUESDAY	
WEDNESDAY	
THURSDAY	
FRIDAY	
SATURDAY	
SUNDAY	
今週を振り返り、目標に向けてヒントになった言葉や出来事を書いておきましょう	今週を振り返り、今後に向けて改善したいことを書いておきましょう

/ MONDAY	/ TUESDAY	/ WEDNESDAY	/ THURSDAY	/ FRIDAY
今日必ずやること				

6
7
8
9
10
11
12
13
14
15
16
17
18
19
20
21
22
23
24
1
2

今週感じたいプラス感情

ルーティン行動		月	火	水	木	金	土	日
1								
2								
3								
4								
5								
6								
7								

/ SATURDAY	/ SUNDAY
今日必ずやること	

| 6 |
| 7 |
| 8 |
| 9 |
| 10 |
| 11 |
| 12 |
| 13 |
| 14 |
| 15 |
| 16 |
| 17 |
| 18 |
| 19 |
| 20 |
| 21 |
| 22 |
| 23 |
| 24 |
| 1 |
| 2 |

今日のよかったこと、今日気づいたこと	今日をもう一度やり直せるなら
MONDAY	
TUESDAY	
WEDNESDAY	
THURSDAY	
FRIDAY	
SATURDAY	
SUNDAY	
今週を振り返り、目標に向けてヒントになった言葉や出来事を書いておきましょう	今週を振り返り、今後に向けて改善したいことを書いておきましょう

今月を振り返り、目標に向けてヒントになった言葉や出来事を書いておきましょう。
今月出会ったワクワクするフレーズを書き留めたり、勇気をもらった写真、気になった新聞や雑誌の記事を貼っておくのもよいですね！

今月習慣化できたルーティン行動

3RD MONTH

"今日をもう一度 やり直せるなら"の効果

ある日いきなり結果を出したかのように見える人でも、
実際には例外なく、日々の努力を積み重ねています。
同じように、なにかをきっかけに、急に**自信**を持ち始めたようにまわりの人は感じたとしても、
あくまでもそれは小さな**自信**を積み重ねたことによる量質転化であるに過ぎません。
冒頭でもお話ししたように、
「**自信の種**」というのは、毎日たくさん散らばっています。
けれども多くの人はそれに気づかぬまま、通りすぎていきます。
気づこうとしないから、気づかないと言ってもいいでしょう。
そこにあるはずの**自信**の種を集めないので、いつまでたっても**自信**が育たず、
その結果、「自分はダメだ」「自分はまったく成長しない」と落ち込んでしまうのです。
けれども、STARプランナーで「毎日自分をほめる」ということを続けていると、
そして、ルーティン行動のチェック表にズラリと○が並んでいくと、
「がんばっている自分」「成長している自分」と喜びの感情を実感できます。

うまくいかないことがあったり、失敗したりすると、当然多くの人は反省します。

けれども、ただ反省するだけでは、

具体的な行動が伴わないので、結局同じ失敗を繰り返してしまいます。

同じ失敗を繰り返すと、「やっぱり、自分はダメなんだ」と、**自信**を大きく失うものです。

たとえば、ある日の商談がうまくいかなかったとしましょう。

「今日の商談はうまくいかなかった。次はがんばろう」というのは、単なる反省です。

なにをどうがんばるのかが不明確なままでは、

“がんばって”もやはりうまくいかず、さらに落ち込んでしまうかもしれません。

けれども、「今日をもう一度やり直せるなら」という視点で振り返ると、

「商談がうまくいかなかった原因は、

相手に伝えたいことがうまく伝わらなかった→

うまく伝わらなかった原因は準備資料が不十分だったから→

前日までに資料をきちんとそろえてから商談に臨めばうまくいったかもしれない」

というところまで具体的に発想を広げることができます。

そして「“もし、もう一度やり直せるなら”前日までに十分な資料をそろえてから、

商談に臨む」という自分なりの改善行動を導き出せます。

そうすると、次の商談からは、資料不足に慌てることはなくなります。

つまり、同じ失敗を決して繰り返さなくなるのです。

そうすれば、当然、商談がうまくいく可能性も高まります。

たとえうまくいかなくても、さらなる改善行動を起こしたうえで、

次の商談に臨むことができます。

この繰り返しがどれだけの成果を生み出すのか、考えるだけでもワクワクしますよね。

たとえ失敗しても、同じ失敗を繰り返すことなく、確実に前進しているという実感は、

間違いなく大きな**自信**をもたらします。

失敗したことにとらわれて、自分はダメだ、などと、

ただ**自信**をなくしてしまう人とここで大きな差がつくことは明らかなのです。

MONDAY	TUESDAY	WEDNESDAY

_____ 月

今月必ずやること

MEMO

THURSDAY	FRIDAY	SATURDAY	SUNDAY

/ MONDAY	/ TUESDAY	/ WEDNESDAY	/ THURSDAY	/ FRIDAY
今日必ずやること				

6

7

8

9

10

11

12

13

14

15

16

17

18

19

20

21

22

23

24

1

2

今週感じたいプラス感情			

ルーティン行動

	月	火	水	木	金	土	日
1							
2							
3							
4							
5							
6							
7							

/ SATURDAY	/ SUNDAY
今日必ずやること	

| 6 |
| 7 |
| 8 |
| 9 |
| 10 |
| 11 |
| 12 |
| 13 |
| 14 |
| 15 |
| 16 |
| 17 |
| 18 |
| 19 |
| 20 |
| 21 |
| 22 |
| 23 |
| 24 |
| 1 |
| 2 |

今日のよかったこと、今日気づいたこと	今日をもう一度やり直せるなら
MONDAY	
TUESDAY	
WEDNESDAY	
THURSDAY	
FRIDAY	
SATURDAY	
SUNDAY	
今週を振り返り、目標に向けてヒントに なった言葉や出来事を書いておきましょう	今週を振り返り、今後に向けて改善したい ことを書いておきましょう

_____ 月

/ MONDAY	/ TUESDAY	/ WEDNESDAY	/ THURSDAY	/ FRIDAY
今日必ずやること				

6

7

8

9

10

11

12

13

14

15

16

17

18

19

20

21

22

23

24

1

2

今週感じたいプラス感情

ルーティン行動	月	火	水	木	金	土	日
1							
2							
3							
4							
5							
6							
7							

/ SATURDAY	/ SUNDAY
今日必ずやること	

| 6 |
| 7 |
| 8 |
| 9 |
| 10 |
| 11 |
| 12 |
| 13 |
| 14 |
| 15 |
| 16 |
| 17 |
| 18 |
| 19 |
| 20 |
| 21 |
| 22 |
| 23 |
| 24 |
| 1 |
| 2 |

今日のよかったこと、今日気づいたこと	今日をもう一度やり直せるなら
MONDAY	
TUESDAY	
WEDNESDAY	
THURSDAY	
FRIDAY	
SATURDAY	
SUNDAY	
今週を振り返り、目標に向けてヒントになった言葉や出来事を書いておきましょう	今週を振り返り、今後に向けて改善したいことを書いておきましょう

/ MONDAY	/ TUESDAY	/ WEDNESDAY	/ THURSDAY	/ FRIDAY
今日必ずやること				

6

7

8

9

10

11

12

13

14

15

16

17

18

19

20

21

22

23

24

1

2

今週感じたいプラス感情

	SATURDAY		SUNDAY
/		/	

今日必ずやること

6

7

8

9

10

11

12

13

14

15

16

17

18

19

20

21

22

23

24

1

2

ルーティン行動

	月 火 水 木 金 土 日
1	
2	
3	
4	
5	
6	
7	

今日のよかったこと、今日気づいたこと	今日をもう一度やり直せるなら
MONDAY	
TUESDAY	
WEDNESDAY	
THURSDAY	
FRIDAY	
SATURDAY	
SUNDAY	
今週を振り返り、目標に向けてヒントになった言葉や出来事を書いておきましょう	今週を振り返り、今後に向けて改善したいことを書いておきましょう

_____ 月

/ MONDAY	/ TUESDAY	/ WEDNESDAY	/ THURSDAY	/ FRIDAY
今日必ずやること				

6

7

8

9

10

11

12

13

14

15

16

17

18

19

20

21

22

23

24

1

2

今週感じたいプラス感情

	SATURDAY		SUNDAY

今日必ずやること

6
7
8
9
10
11
12
13
14
15
16
17
18
19
20
21
22
23
24
1
2

ルーティン行動　　　　　　　月 火 水 木 金 土 日

1
2
3
4
5
6
7

	今日のよかったこと、今日気づいたこと	今日をもう一度やり直せるなら
MONDAY		
TUESDAY		
WEDNESDAY		
THURSDAY		
FRIDAY		
SATURDAY		
SUNDAY	今週を振り返り、目標に向けてヒントになった言葉や出来事を書いておきましょう	今週を振り返り、今後に向けて改善したいことを書いておきましょう

/ MONDAY	/ TUESDAY	/ WEDNESDAY	/ THURSDAY	/ FRIDAY
今日必ずやること				

6

7

8

9

10

11

12

13

14

15

16

17

18

19

20

21

22

23

24

1

2

今週感じたいプラス感情

ルーティン行動	月	火	水	木	金	土	日
1							
2							
3							
4							
5							
6							
7							

/	SATURDAY	/	SUNDAY
今日必ずやること			

| 6 |
| 7 |
| 8 |
| 9 |
| 10 |
| 11 |
| 12 |
| 13 |
| 14 |
| 15 |
| 16 |
| 17 |
| 18 |
| 19 |
| 20 |
| 21 |
| 22 |
| 23 |
| 24 |
| 1 |
| 2 |

今日のよかったこと、今日気づいたこと	今日をもう一度やり直せるなら
MONDAY	
TUESDAY	
WEDNESDAY	
THURSDAY	
FRIDAY	
SATURDAY	
SUNDAY	
今週を振り返り、目標に向けてヒントになった言葉や出来事を書いておきましょう	今週を振り返り、今後に向けて改善したいことを書いておきましょう

今月を振り返り、目標に向けてヒントになった言葉や出来事を書いておきましょう。
今月出会ったワクワクするフレーズを書き留めたり、勇気をもらった写真、気になった新聞や雑誌の記事を貼っておくのもよいですね！

今月習慣化できたルーティン行動

4TH MONTH

ルーティン行動の習慣化で
潜在意識が活用される！

人間の意識には、顕在意識と潜在意識の2種類があり、
それは、海上の氷山によく例えられます。
海面から出ているのが顕在意識、水面下に隠れているのが潜在意識、というわけですね。
海面から出ている顕在意識は全体のわずか3パーセント。
残りの97パーセントはすべて潜在意識です。
圧倒的な能力を発揮できる人というのは、潜在意識を十分に活用できる人だと言われています。
つまり、どれだけ能力を発揮できるかは、
この潜在意識をどれだけ活用できるかにかかっているということです。

潜在意識を活用する方法のひとつが、やるべきことをどんどん習慣化していくということです。
たとえば、「花に水をやる」という行動ひとつとっても、
最初は意図的・意識的に、つまり顕在意識を働かせて行う必要があります。
けれども、それを一定期間続けていると、「花に水をやる」という行動が、
意識しなくても行える行動、すなわち、「習慣」になります。
心理学的な専門用語では、これを「自動化する」と呼びますが、

それは、「意識して行う行動」=「顕在意識の行動」が、
「無意識で行う行動」=「潜在意識の行動」になる、ということです。
「花に水をやる」ことが、潜在意識のなかで行えるようになったというわけです。
意識しなくてもできることが多い人と、
いちいち意識しなければなにもできない人とを比較すれば、
どちらが高い能力を発揮できるかは、はっきりしているでしょう。
STARプランナーでは、ルーティン行動を書き込み、
実行をチェックする欄を設けていますが、
これこそが、習慣形成のためのフォーマットです。
自分が目標に近づくために毎日やるべきこと=ルーティン行動を設定し、
その実行をチェックすることは、習慣形成のためのいわば「習慣」です。
私の経験上、ルーティンのゴールは3週間（21日間）連続して実行できた場合、
つまり、ルーティンチェック表に3週間連続で○がついた場合には、
習慣化された、と判断してよいでしょう。
習慣化されてしまえば、潜在意識で無意識に行動できるはずですから、
ルーティンチェック表からその項目は外してください。
（ただし、その行動が習慣として実行できているか、折にふれて振り返るのは大切です。）
そして、新たなルーティン行動を書き込み、
それがまた習慣化されるまでチェックを続けてください。
ルーティン行動がどんどん習慣化されれば、
あなたは潜在意識を存分に活用できるようになります。
今まで眠っていた97パーセントの意識が活用されれば、
「あれもできない」「これもできない」と悩んでいたことが嘘のように、
「できること」がどんどん増えていくでしょう。
なお、どういうルーティン行動が必要かを考える助けとなるのが、
付録の「オープンウィンドウ64 実践思考編」、P.229の「スターシート」です。
ぜひ、P.210からの目標設定コーチングページにトライして、
あなたのオープンウィンドウ64、スターシートを完成させてください。

MONDAY	TUESDAY	WEDNESDAY

_____ 月

今月必ずやること

MEMO

THURSDAY	FRIDAY	SATURDAY	SUNDAY

/ MONDAY	/ TUESDAY	/ WEDNESDAY	/ THURSDAY	/ FRIDAY
今日必ずやること				

6
7
8
9
10
11
12
13
14
15
16
17
18
19
20
21
22
23
24
1
2

今週感じたいプラス感情

<table>
<tr><td>ルーティン行動</td><td>月 火 水 木 金 土 日</td></tr>
<tr><td>1</td><td></td></tr>
<tr><td>2</td><td></td></tr>
<tr><td>3</td><td></td></tr>
<tr><td>4</td><td></td></tr>
<tr><td>5</td><td></td></tr>
<tr><td>6</td><td></td></tr>
<tr><td>7</td><td></td></tr>
</table>

/ SATURDAY	/ SUNDAY

今日必ずやること

6

7

8

9

10

11

12

13

14

15

16

17

18

19

20

21

22

23

24

1

2

今日のよかったこと、今日気づいたこと	今日をもう一度やり直せるなら
MONDAY	
TUESDAY	
WEDNESDAY	
THURSDAY	
FRIDAY	
SATURDAY	
SUNDAY	
今週を振り返り、目標に向けてヒントになった言葉や出来事を書いておきましょう	今週を振り返り、今後に向けて改善したいことを書いておきましょう

/ MONDAY	/ TUESDAY	/ WEDNESDAY	/ THURSDAY	/ FRIDAY
今日必ずやること				

6

7

8

9

10

11

12

13

14

15

16

17

18

19

20

21

22

23

24

1

2

今週感じたいプラス感情	

/ SATURDAY	/ SUNDAY
今日必ずやること	

6
7
8
9
10
11
12
13
14
15
16
17
18
19
20
21
22
23
24
1
2

ルーティン行動		月 火 水 木 金 土 日
1		
2		
3		
4		
5		
6		
7		

今日のよかったこと、今日気づいたこと	今日をもう一度やり直せるなら
MONDAY	
TUESDAY	
WEDNESDAY	
THURSDAY	
FRIDAY	
SATURDAY	
SUNDAY	
今週を振り返り、目標に向けてヒントになった言葉や出来事を書いておきましょう	今週を振り返り、今後に向けて改善したいことを書いておきましょう

/ MONDAY	/ TUESDAY	/ WEDNESDAY	/ THURSDAY	/ FRIDAY
今日必ずやること				

6

7

8

9

10

11

12

13

14

15

16

17

18

19

20

21

22

23

24

1

2

今週感じたいプラス感情

ルーティン行動　　　　　　月　火　水　木　金　土　日

	月	火	水	木	金	土	日
1							
2							
3							
4							
5							
6							
7							

/ SATURDAY	/ SUNDAY
今日必ずやること	

6
7
8
9
10
11
12
13
14
15
16
17
18
19
20
21
22
23
24
1
2

今日のよかったこと、今日気づいたこと	今日をもう一度やり直せるなら
MONDAY	
TUESDAY	
WEDNESDAY	
THURSDAY	
FRIDAY	
SATURDAY	
SUNDAY	
今週を振り返り、目標に向けてヒントになった言葉や出来事を書いておきましょう	今週を振り返り、今後に向けて改善したいことを書いておきましょう

今週のタスク

_____ 月

/ MONDAY	/ TUESDAY	/ WEDNESDAY	/ THURSDAY	/ FRIDAY
今日必ずやること				

6

7

8

9

10

11

12

13

14

15

16

17

18

19

20

21

22

23

24

1

2

今週感じたいプラス感情

	SATURDAY		SUNDAY
/		/	

今日必ずやること

6
7
8
9
10
11
12
13
14
15
16
17
18
19
20
21
22
23
24
1
2

ルーティン行動　　　　　　　月 火 水 木 金 土 日

1
2
3
4
5
6
7

	今日のよかったこと、今日気づいたこと	今日をもう一度やり直せるなら
MONDAY		
TUESDAY		
WEDNESDAY		
THURSDAY		
FRIDAY		
SATURDAY		
SUNDAY	今週を振り返り、目標に向けてヒントになった言葉や出来事を書いておきましょう	今週を振り返り、今後に向けて改善したいことを書いておきましょう

/ MONDAY	/ TUESDAY	/ WEDNESDAY	/ THURSDAY	/ FRIDAY
今日必ずやること				

6

7

8

9

10

11

12

13

14

15

16

17

18

19

20

21

22

23

24

1

2

今週感じたいプラス感情

		ルーティン行動	月	火	水	木	金	土	日
		1							
		2							
		3							
		4							
		5							
		6							
		7							

／ SATURDAY	／ SUNDAY
今日必ずやること	

6	
7	
8	
9	
10	
11	
12	
13	
14	
15	
16	
17	
18	
19	
20	
21	
22	
23	
24	
1	
2	

今日のよかったこと、今日気づいたこと	今日をもう一度やり直せるなら
MONDAY	
TUESDAY	
WEDNESDAY	
THURSDAY	
FRIDAY	
SATURDAY	
SUNDAY	
今週を振り返り、目標に向けてヒントになった言葉や出来事を書いておきましょう	今週を振り返り、今後に向けて改善したいことを書いておきましょう

今月を振り返り、目標に向けてヒントになった言葉や出来事を書いておきましょう。
今月出会ったワクワクするフレーズを書き留めたり、勇気をもらった写真、気になった新聞や雑誌の記事を貼っておくのもよいですね！

今月習慣化できたルーティン行動

5TH MONTH

高いレベルの目標が、
高いレベルの習慣を作る

前月に、習慣化が潜在意識の活用につながるというお話をしましたが、
習慣形成がもたらす効果をもうひとつお話しさせてください。

中学校の陸上部が参加する大会は、
いちばん規模が小さいのが約10校で競うブロック大会、次が約140 校程度で競う大阪市大会、
約400校で競う大阪府大会……と続き、
全国大会ともなるとその参加校の規模は約10000校にもなります。
ブロック大会で優勝するために「やるべきこと」は、
砲丸投げの場合「1日50本投げること」でした。
その大会では優勝したものの、それよりレベルが高い大阪市大会で戦うためには、
同じノルマをこなすだけではとうていかないません。
そこで、そのノルマを「1日100本」にあげることにしました。
さらに上に進めば進むほど、ノルマは当然どんどん増えていき、
日本一を目指すころには、「1日500本」という数字になっていました。
そして日本一を成し遂げたあと、どうせなら、来年もまた日本一を目指したいと考えた私は、

子どもたちに最初から「1日500本」というノルマを与えることにしました。
もっとも、すでに子どもたちはそれが習慣化していたので、
単にそれを継続したにすぎません。
それを何年か繰り返しているうちに、気がつけば、
全国大会以下の大会は、「自動的に」勝てるチームが出来上がっていました。
つまり、上のステージの習慣形成ができていたことで、
その下の目標は単なる通過点となり、
ほうっておいても100パーセント達成できるようになっていたのです。
全国や日本一を目指すレベルの学校がよほどの番狂わせがない限り、
それ以下のレベルの大会で負けない理由はまさにこれで、
日本一という最終的な目標の手前の目標は、
日本一を目指して身につけた習慣によって自動的に手に入るのです。
これはまた、どこを目指すのかを決めた時点で、その後の行動が変わる、
ということでもあります。
たまたま今年は日本一だったけれども、それを何度も達成するのは難しいだろうから、
とりあえず、大阪府大会優勝あたりを狙っておこうと考えていたら、
おそらく、1日500本ものノルマを与えることはなかったでしょうし、
子どもたちにその習慣が形成されることもなかったでしょう。
最初から高い志をもっていたからこそ、
常勝チームを作る習慣を作ることができたのです。
私はよく子どもたちに「努力にはレベルがある」と言っていたのですが、
より高いレベルの目標によって、高いレベルの習慣が形成されれば、
こわいものはありません。
本当の意味で高いパフォーマンスが発揮できる人というのは、
どんな状況になろうが、どんなときであろうが、
ある程度以上の結果は出しているものです。
その秘訣が、まさしく習慣形成であり、
どんな状況のなかでも、やるべきことを無意識にやる習慣ができているがゆえに、
必要最低限のことはほうっておいても達成できるのです。
習慣形成ができていないと、状況が悪くなり、高い意識が保てなくなった瞬間から、
やるべきことさえやらなくなります。
結果が出せないのは、環境のせいだけではなく、
その人自身にも必ず問題があるのです。

MONDAY	TUESDAY	WEDNESDAY

_____ 月

今月必ずやること

MEMO

THURSDAY	FRIDAY	SATURDAY	SUNDAY

今週のタスク

_____ 月

/ MONDAY	/ TUESDAY	/ WEDNESDAY	/ THURSDAY	/ FRIDAY
今日必ずやること				

6

7

8

9

10

11

12

13

14

15

16

17

18

19

20

21

22

23

24

1

2

今週感じたいプラス感情

<table>
<tr><td>／ SATURDAY</td><td>／ SUNDAY</td></tr>
<tr><td>今日必ずやること</td><td></td></tr>
<tr><td>6</td><td></td></tr>
<tr><td>7</td><td></td></tr>
<tr><td>8</td><td></td></tr>
<tr><td>9</td><td></td></tr>
<tr><td>10</td><td></td></tr>
<tr><td>11</td><td></td></tr>
<tr><td>12</td><td></td></tr>
<tr><td>13</td><td></td></tr>
<tr><td>14</td><td></td></tr>
<tr><td>15</td><td></td></tr>
<tr><td>16</td><td></td></tr>
<tr><td>17</td><td></td></tr>
<tr><td>18</td><td></td></tr>
<tr><td>19</td><td></td></tr>
<tr><td>20</td><td></td></tr>
<tr><td>21</td><td></td></tr>
<tr><td>22</td><td></td></tr>
<tr><td>23</td><td></td></tr>
<tr><td>24</td><td></td></tr>
<tr><td>1</td><td></td></tr>
<tr><td>2</td><td></td></tr>
</table>

ルーティン行動

	月	火	水	木	金	土	日
1							
2							
3							
4							
5							
6							
7							

今日のよかったこと、今日気づいたこと	今日をもう一度やり直せるなら
MONDAY	
TUESDAY	
WEDNESDAY	
THURSDAY	
FRIDAY	
SATURDAY	
SUNDAY 今週を振り返り、目標に向けてヒントに なった言葉や出来事を書いておきましょう	今週を振り返り、今後に向けて改善したい ことを書いておきましょう

/ MONDAY	/ TUESDAY	/ WEDNESDAY	/ THURSDAY	/ FRIDAY
今日必ずやること				

6

7

8

9

10

11

12

13

14

15

16

17

18

19

20

21

22

23

24

1

2

今週感じたいプラス感情

	ルーティン行動		月	火	水	木	金	土	日
	1								
	2								
	3								
	4								
	5								
	6								
	7								

/ SATURDAY	/ SUNDAY
今日必ずやること	

6

7

8

9

10

11

12

13

14

15

16

17

18

19

20

21

22

23

24

1

2

今日のよかったこと、今日気づいたこと	今日をもう一度やり直せるなら
MONDAY	
TUESDAY	
WEDNESDAY	
THURSDAY	
FRIDAY	
SATURDAY	
SUNDAY	
今週を振り返り、目標に向けてヒントに なった言葉や出来事を書いておきましょう	今週を振り返り、今後に向けて改善したい ことを書いておきましょう

/ MONDAY	/ TUESDAY	/ WEDNESDAY	/ THURSDAY	/ FRIDAY
今日必ずやること				

6
7
8
9
10
11
12
13
14
15
16
17
18
19
20
21
22
23
24
1
2

今週感じたいプラス感情

<table>
<tr><td colspan="2">ルーティン行動</td><td>月 火 水 木 金 土 日</td></tr>
<tr><td>1</td><td></td><td></td></tr>
<tr><td>2</td><td></td><td></td></tr>
<tr><td>3</td><td></td><td></td></tr>
<tr><td>4</td><td></td><td></td></tr>
<tr><td>5</td><td></td><td></td></tr>
<tr><td>6</td><td></td><td></td></tr>
<tr><td>7</td><td></td><td></td></tr>
</table>

/ SATURDAY	/ SUNDAY
今日必ずやること	

6
7
8
9
10
11
12
13
14
15
16
17
18
19
20
21
22
23
24
1
2

今日のよかったこと、今日気づいたこと	今日をもう一度やり直せるなら
MONDAY	
TUESDAY	
WEDNESDAY	
THURSDAY	
FRIDAY	
SATURDAY	
SUNDAY	
今週を振り返り、目標に向けてヒントになった言葉や出来事を書いておきましょう	今週を振り返り、今後に向けて改善したいことを書いておきましょう

/ MONDAY	/ TUESDAY	/ WEDNESDAY	/ THURSDAY	/ FRIDAY
今日必ずやること				

6

7

8

9

10

11

12

13

14

15

16

17

18

19

20

21

22

23

24

1

2

今週感じたいプラス感情

ルーティン行動 | | 月 | 火 | 水 | 木 | 金 | 土 | 日 |
|---|---|---|---|---|---|---|---|
| 1 | | | | | | | | |
| 2 | | | | | | | | |
| 3 | | | | | | | | |
| 4 | | | | | | | | |
| 5 | | | | | | | | |
| 6 | | | | | | | | |
| 7 | | | | | | | | |

/ SATURDAY	/ SUNDAY
今日必ずやること	

6
7
8
9
10
11
12
13
14
15
16
17
18
19
20
21
22
23
24
1
2

今日のよかったこと,今日気づいたこと	今日をもう一度やり直せるなら
MONDAY	
TUESDAY	
WEDNESDAY	
THURSDAY	
FRIDAY	
SATURDAY	
SUNDAY	
今週を振り返り,目標に向けてヒントになった言葉や出来事を書いておきましょう	今週を振り返り,今後に向けて改善したいことを書いておきましょう

/ MONDAY	/ TUESDAY	/ WEDNESDAY	/ THURSDAY	/ FRIDAY
今日必ずやること				

6

7

8

9

10

11

12

13

14

15

16

17

18

19

20

21

22

23

24

1

2

今週感じたいプラス感情

ルーティン行動　　　　　　　　　　月　火　水　木　金　土　日

	月	火	水	木	金	土	日
1							
2							
3							
4							
5							
6							
7							

／ SATURDAY	／ SUNDAY
今日必ずやること	

6
7
8
9
10
11
12
13
14
15
16
17
18
19
20
21
22
23
24
1
2

今日のよかったこと、今日気づいたこと	今日をもう一度やり直せるなら
MONDAY	
TUESDAY	
WEDNESDAY	
THURSDAY	
FRIDAY	
SATURDAY	
SUNDAY	
今週を振り返り、目標に向けてヒントになった言葉や出来事を書いておきましょう	今週を振り返り、今後に向けて改善したいことを書いておきましょう

今月を振り返り、目標に向けてヒントになった言葉や出来事を書いておきましょう。
今月出会ったワクワクするフレーズを書き留めたり、勇気をもらった写真、気になった新聞や雑誌の記事を貼っておくのもよいですね!

今月習慣化できたルーティン行動

6TH MONTH

感情を意識することの効果とは？

感情は、プラスの感情とマイナスの感情という対極なふたつに分けられます。
プラスの感情や「幸せ感情」、すなわちプラス思考（ポジティブシンキング）は、
主体者意識の形成につながります。
プラスの感情を感じながらものごとを前向きに進めていける人は、
なにか困難が起こったときにも、自分のなにがいけなかったのか、
自分がなにをすれば解決できるのかというふうに
「自分」に矢印を向けた考え方ができます。
そして「次はこういうふうにやってみよう」という改善行動によって、
プラスの違う結果を出すことができるのです。
このように、自分が変わることで状況を変えていくことを「主体変容」と言います。
それに対して、マイナスの感情、すなわち
「不幸せ感情」に支配されるマイナス思考（ネガティブシンキング）がもたらすのは
被害者意識です。
うまくいかないことがあると、
「環境のせい」「まわりのせい」など「なにかのせい」にしようとします。

そういう人は無意識に同じ失敗を繰り返す傾向があり、
結果、「自分はどうせダメだ」とか「最低だ」と、
自暴自棄になり、**自信**がなくなります。
プラス思考に自分を導くためのカギになるのは、
プラスの感情を日常でもいかに意識するかということです。
プラス感情の貯金が自分のなかにたまっていけばいくほど、プラス思考の傾向が高まり、
主体者意識が育っていきます。
主体者意識が育てば結果は当然出やすくなり、たとえうまくいかなかったときでも、
「主体変容」によって次は違う結果を出すことができるようになるので、**自信**が高まります。
そして、その**自信**がさらにプラス思考を生み出し、結果につながり……という
実に見事なプラスの循環が出来上がるのです。

「やった〜!」「よかった!」「幸せ!」「充実してる」「俺、できるやん!」
このような感情をあなたは毎日どれくらい「感じて」いるでしょうか?
STARプランナーには、「今週感じたいプラス感情」という欄がありますが、
それを書くことによって、その感情を常に意識することができます。
たとえば、その週に大きなイベントがあるとしたら、
それが成功したときの幸せな感情を先に取り出し、それを意識しながら準備すれば、
自然とプラス感情が高まり、成功する可能性が高まります。
P.18でもお話ししたように、「感情」は明確な未来設定のための重要な要素なのです。
「感じたいプラス感情」を書き続けていると、
プラスの感情を表す言葉のバリエーションを自分があまりもっていないという事実に
気づく人も多いかもしれません。
幸せ感、ワクワク感、ドキドキ感が高まる語彙を増やすことはとても大事なことです。
本を読んだり、誰かと話しているなかで出会った「プラスの感情を表す言葉」は
忘れないようにメモをしておいて、
自分がワクワクするような「感情表現のデータベース」を作っておきましょう。
P.14の「プラス感情を表す言葉集」も参考にしてください。

MONDAY	TUESDAY	WEDNESDAY

_____ 月

今月必ずやること

MEMO

THURSDAY	FRIDAY	SATURDAY	SUNDAY

/ MONDAY	/ TUESDAY	/ WEDNESDAY	/ THURSDAY	/ FRIDAY
今日必ずやること				

6

7

8

9

10

11

12

13

14

15

16

17

18

19

20

21

22

23

24

1

2

今週感じたいプラス感情

	SATURDAY		SUNDAY
今日必ずやること			

6

7

8

9

10

11

12

13

14

15

16

17

18

19

20

21

22

23

24

1

2

ルーティン行動

月 火 水 木 金 土 日

1
2
3
4
5
6
7

今日のよかったこと、今日気づいたこと | 今日をもう一度やり直せるなら

MONDAY

TUESDAY

WEDNESDAY

THURSDAY

FRIDAY

SATURDAY

SUNDAY

今週を振り返り、目標に向けてヒントに
なった言葉や出来事を書いておきましょう

今週を振り返り、今後に向けて改善したい
ことを書いておきましょう

/ MONDAY	/ TUESDAY	/ WEDNESDAY	/ THURSDAY	/ FRIDAY
今日必ずやること				

6
7
8
9
10
11
12
13
14
15
16
17
18
19
20
21
22
23
24
1
2

ルーティン行動

1
2
3
4
5
6
7

月　火　水　木　金　土　日

今週感じたいプラス感情

今日必ずやること

SATURDAY　　／　　SUNDAY

今日のよかったこと、今日気づいたこと　｜　今日をもう一度やり直せるなら

MONDAY

TUESDAY

WEDNESDAY

THURSDAY

FRIDAY

SATURDAY

SUNDAY
今週を振り返り、目標に向けてヒントになった言葉や出来事を書いておきましょう　｜　今週を振り返り、今後に向けて改善したいことを書いておきましょう

6
7
8
9
10
11
12
13
14
15
16
17
18
19
20
21
22
23
24
1
2

_____ 月

/ MONDAY	/ TUESDAY	/ WEDNESDAY	/ THURSDAY	/ FRIDAY
今日必ずやること				

6
7
8
9
10
11
12
13
14
15
16
17
18
19
20
21
22
23
24
1
2

今週感じたいプラス感情

<table>
<tr><td colspan="2">／　　SATURDAY</td><td colspan="2">／　　SUNDAY</td></tr>
<tr><td colspan="4">今日必ずやること</td></tr>
<tr><td>6</td><td></td><td></td><td></td></tr>
<tr><td>7</td><td></td><td></td><td></td></tr>
<tr><td>8</td><td></td><td></td><td></td></tr>
<tr><td>9</td><td></td><td></td><td></td></tr>
<tr><td>10</td><td></td><td></td><td></td></tr>
<tr><td>11</td><td></td><td></td><td></td></tr>
<tr><td>12</td><td></td><td></td><td></td></tr>
<tr><td>13</td><td></td><td></td><td></td></tr>
<tr><td>14</td><td></td><td></td><td></td></tr>
<tr><td>15</td><td></td><td></td><td></td></tr>
<tr><td>16</td><td></td><td></td><td></td></tr>
<tr><td>17</td><td></td><td></td><td></td></tr>
<tr><td>18</td><td></td><td></td><td></td></tr>
<tr><td>19</td><td></td><td></td><td></td></tr>
<tr><td>20</td><td></td><td></td><td></td></tr>
<tr><td>21</td><td></td><td></td><td></td></tr>
<tr><td>22</td><td></td><td></td><td></td></tr>
<tr><td>23</td><td></td><td></td><td></td></tr>
<tr><td>24</td><td></td><td></td><td></td></tr>
<tr><td>1</td><td></td><td></td><td></td></tr>
<tr><td>2</td><td></td><td></td><td></td></tr>
</table>

ルーティン行動　　　　　　　　　月 火 水 木 金 土 日

| 1 |
| 2 |
| 3 |
| 4 |
| 5 |
| 6 |
| 7 |

今日のよかったこと、今日気づいたこと	今日をもう一度やり直せるなら
MONDAY	
TUESDAY	
WEDNESDAY	
THURSDAY	
FRIDAY	
SATURDAY	
SUNDAY	
今週を振り返り、目標に向けてヒントに なった言葉や出来事を書いておきましょう	今週を振り返り、今後に向けて改善したい ことを書いておきましょう

_____ 月

/ MONDAY	/ TUESDAY	/ WEDNESDAY	/ THURSDAY	/ FRIDAY
今日必ずやること				

6

7

8

9

10

11

12

13

14

15

16

17

18

19

20

21

22

23

24

1

2

今週感じたいプラス感情

ルーティン行動		月 火 水 木 金 土 日
1		
2		
3		
4		
5		
6		
7		

/ SATURDAY	/ SUNDAY
今日必ずやること	

6

7

8

9

10

11

12

13

14

15

16

17

18

19

20

21

22

23

24

1

2

今日のよかったこと、今日気づいたこと	今日をもう一度やり直せるなら
MONDAY	
TUESDAY	
WEDNESDAY	
THURSDAY	
FRIDAY	
SATURDAY	
SUNDAY	
今週を振り返り、目標に向けてヒントになった言葉や出来事を書いておきましょう	今週を振り返り、今後に向けて改善したいことを書いておきましょう

/ MONDAY	/ TUESDAY	/ WEDNESDAY	/ THURSDAY	/ FRIDAY
今日必ずやること				

6
7
8
9
10
11
12
13
14
15
16
17
18
19
20
21
22
23
24
1
2

今週感じたいプラス感情

ルーティン行動　　　　月 火 水 木 金 土 日

1
2
3
4
5
6
7

	/ SATURDAY		/ SUNDAY
今日必ずやること			

6
7
8
9
10
11
12
13
14
15
16
17
18
19
20
21
22
23
24
1
2

今日のよかったこと, 今日気づいたこと	今日をもう一度やり直せるなら
MONDAY	
TUESDAY	
WEDNESDAY	
THURSDAY	
FRIDAY	
SATURDAY	
SUNDAY	
今週を振り返り,目標に向けてヒントになった言葉や出来事を書いておきましょう	今週を振り返り,今後に向けて改善したいことを書いておきましょう

今月を振り返り、目標に向けてヒントになった言葉や出来事を書いておきましょう。

今月出会ったワクワクするフレーズを書き留めたり、勇気をもらった写真、気になった新聞や雑誌の記事を貼っておくのもよいですね!

今月習慣化できたルーティン行動

7TH MONTH

「自立型セルフマネジメント」に
奉仕活動が欠かせない理由

「すぐれた人格・人間力を土台に、成果・パフォーマンスを確実に発揮する自立型人間」。
それが「自立型セルフマネジメント」が目指す人物像であるということはすでにお話ししました。

すぐれた人格というものが非常に大事であることは、世界中の誰もが納得する真理です。
ところが現実には、電話を200本かける！ とか、訪問件数を20件にする！ といった、
成果をあげるための直接的な努力だけをがんばっている人がとても多いのではないでしょうか。
でも実は、継続して成果をあげる人というのは、間違いなく人柄や人格が備わっています。
特に営業のような対人関係に関わるケースではそれが顕著で、
最終的には、○○さんだから買う、○○さんを信頼しているから買う、ということがほとんどです。
人柄がいいから成果があがる、と言ってもよいでしょう。
人柄がいい人はなにをしているかといえば、それは「自分磨き」です。
成果をあげるための努力を直接的努力というのに対し、
こちらは間接的努力と呼ばれますが、
清掃・奉仕活動や、エコ活動といった無私の心で取り組む行為がまさにそれにつながります。
とにかく成果をすぐにあげたくて、

間接的努力には目もくれず、直接的努力だけでパフォーマンスをあげようとすると、
多くの人は心身に不調をきたします。
なぜなら、成果を出すために自分を奮い立たせるような直接的努力だけに没頭しすぎると、
ドーパミンやアドレナリンが大量に分泌されて、
交感神経優位となり、自律神経失調症を引き起こしてしまうこともあるからです。
ひどいときには心の疾患を発症させることもあります。
一方、「誰かの役に立っている」という気持ちで行う
清掃・奉仕活動やエコ活動のような間接的努力は、
いわゆる「ほっとする」「一服する」「我に返る」きっかけと時間を作ります。
そうすると、私たちの体は、副交感神経優位になり、過緊張状態から解放されるのです。
そういう意味では、直接的努力をがんばっている人ほど、神経のバランスをとるためにも、
間接的努力、つまり、清掃・奉仕活動などが必要であると言えます。
ぜひ仕事や生活のなかに組み込んでほしいと思います。
オーバーワークが「うつ病」の原因になると思っている人が多いかもしれませんが、
問題はオーバーワークそれ自体ではなく、
「直接的努力のみのオーバーワーク」だと思います。
ゆえに間接的努力の実践で心を解放し、バランスをとることが有効です。
神経のバランスが整っていれば、直接的努力も大きな成果を生み出します。
社員が毎朝トイレ掃除をやっている会社の業績があがる理由はまさにこれなのです。
そんな時間があったら仕事を!　と思うかもしれませんが、
清掃・奉仕活動やエコ活動をする時間をあえて作ることで、むしろ成果はあがるのです。

もちろん、間接的努力だけやっていればそれでいいというわけではありません。
いくら「いい人」でも具体的な努力と行動を起こさなければ成果はあがりません。
それでは自立型人間としては失格です。
直接的努力も間接的努力もどちらも大事。
大切なのはやはりバランスなのです。

MONDAY	TUESDAY	WEDNESDAY

月

今月必ずやること

MEMO

THURSDAY	FRIDAY	SATURDAY	SUNDAY

今週のタスク

_____ 月

/ MONDAY	/ TUESDAY	/ WEDNESDAY	/ THURSDAY	/ FRIDAY
今日必ずやること				

6

7

8

9

10

11

12

13

14

15

16

17

18

19

20

21

22

23

24

1

2

今週感じたいプラス感情

<table>
<tr><td colspan="2">ルーティン行動</td><td>月</td><td>火</td><td>水</td><td>木</td><td>金</td><td>土</td><td>日</td></tr>
<tr><td>1</td><td></td><td></td><td></td><td></td><td></td><td></td><td></td><td></td></tr>
<tr><td>2</td><td></td><td></td><td></td><td></td><td></td><td></td><td></td><td></td></tr>
<tr><td>3</td><td></td><td></td><td></td><td></td><td></td><td></td><td></td><td></td></tr>
<tr><td>4</td><td></td><td></td><td></td><td></td><td></td><td></td><td></td><td></td></tr>
<tr><td>5</td><td></td><td></td><td></td><td></td><td></td><td></td><td></td><td></td></tr>
<tr><td>6</td><td></td><td></td><td></td><td></td><td></td><td></td><td></td><td></td></tr>
<tr><td>7</td><td></td><td></td><td></td><td></td><td></td><td></td><td></td><td></td></tr>
</table>

/ SATURDAY	/ SUNDAY
今日必ずやること	

6
7
8
9
10
11
12
13
14
15
16
17
18
19
20
21
22
23
24
1
2

今日のよかったこと、今日気づいたこと	今日をもう一度やり直せるなら
MONDAY	
TUESDAY	
WEDNESDAY	
THURSDAY	
FRIDAY	
SATURDAY	
SUNDAY	
今週を振り返り、目標に向けてヒントになった言葉や出来事を書いておきましょう	今週を振り返り、今後に向けて改善したいことを書いておきましょう

/ MONDAY	/ TUESDAY	/ WEDNESDAY	/ THURSDAY	/ FRIDAY
今日必ずやること				

6

7

8

9

10

11

12

13

14

15

16

17

18

19

20

21

22

23

24

1

2

今週感じたいプラス感情

/ SATURDAY	/ SUNDAY
今日必ずやること	

6

7

8

9

10

11

12

13

14

15

16

17

18

19

20

21

22

23

24

1

2

ルーティン行動　　　　　月 火 水 木 金 土 日

1
2
3
4
5
6
7

今日のよかったこと、今日気づいたこと	今日をもう一度やり直せるなら
MONDAY	
TUESDAY	
WEDNESDAY	
THURSDAY	
FRIDAY	
SATURDAY	
SUNDAY	
今週を振り返り、目標に向けてヒントになった言葉や出来事を書いておきましょう	今週を振り返り、今後に向けて改善したいことを書いておきましょう

/ MONDAY	/ TUESDAY	/ WEDNESDAY	/ THURSDAY	/ FRIDAY
今日必ずやること				

6

7

8

9

10

11

12

13

14

15

16

17

18

19

20

21

22

23

24

1

2

今週感じたいプラス感情

/	SATURDAY	/	SUNDAY

今日必ずやること

6

7

8

9

10

11

12

13

14

15

16

17

18

19

20

21

22

23

24

1

2

ルーティン行動　　　　　　　　　月 火 水 木 金 土 日

1
2
3
4
5
6
7

	今日のよかったこと, 今日気づいたこと	今日をもう一度やり直せるなら
MONDAY		
TUESDAY		
WEDNESDAY		
THURSDAY		
FRIDAY		
SATURDAY		
SUNDAY	今週を振り返り, 目標に向けてヒントになった言葉や出来事を書いておきましょう	今週を振り返り, 今後に向けて改善したいことを書いておきましょう

_____ 月

/ MONDAY	/ TUESDAY	/ WEDNESDAY	/ THURSDAY	/ FRIDAY
今日必ずやること				

6

7

8

9

10

11

12

13

14

15

16

17

18

19

20

21

22

23

24

1

2

今週感じたいプラス感情

/ SATURDAY	/ SUNDAY
今日必ずやること	

6
7
8
9
10
11
12
13
14
15
16
17
18
19
20
21
22
23
24
1
2

ルーティン行動　　　　　　　　月 火 水 木 金 土 日

1
2
3
4
5
6
7

今日のよかったこと、今日気づいたこと	今日をもう一度やり直せるなら
MONDAY	
TUESDAY	
WEDNESDAY	
THURSDAY	
FRIDAY	
SATURDAY	
SUNDAY	
今週を振り返り、目標に向けてヒントになった言葉や出来事を書いておきましょう	今週を振り返り、今後に向けて改善したいことを書いておきましょう

/ MONDAY	/ TUESDAY	/ WEDNESDAY	/ THURSDAY	/ FRIDAY
今日必ずやること				

6

7

8

9

10

11

12

13

14

15

16

17

18

19

20

21

22

23

24

1

2

今週感じたいプラス感情

<table>
<tr><td>ルーティン行動</td><td>月 火 水 木 金 土 日</td></tr>
<tr><td>1</td><td></td></tr>
<tr><td>2</td><td></td></tr>
<tr><td>3</td><td></td></tr>
<tr><td>4</td><td></td></tr>
<tr><td>5</td><td></td></tr>
<tr><td>6</td><td></td></tr>
<tr><td>7</td><td></td></tr>
</table>

/ SATURDAY	/ SUNDAY
今日必ずやること	

6
7
8
9
10
11
12
13
14
15
16
17
18
19
20
21
22
23
24
1
2

今日のよかったこと、今日気づいたこと	今日をもう一度やり直せるなら
MONDAY	
TUESDAY	
WEDNESDAY	
THURSDAY	
FRIDAY	
SATURDAY	
SUNDAY	
今週を振り返り、目標に向けてヒントに なった言葉や出来事を書いておきましょう	今週を振り返り、今後に向けて改善したい ことを書いておきましょう

今月を振り返り、目標に向けてヒントになった言葉や出来事を書いておきましょう。

今月出会ったワクワクするフレーズを書き留めたり、勇気をもらった写真、気になった新聞や雑誌の記事を貼っておくのもよいですね！

今月習慣化できたルーティン行動

8TH MONTH

積み上げてきた自信を
失いそうになったときは……

STARプランナーを始めて7ヶ月。
毎日自分を励まし、改善行動につなげ、習慣形成もうまくいっているとしたら……、
あなたの自信はスタートしたときとは比べものにならないほど、
高まっているのではないでしょうか？
ただし、自信は右肩上がりで常に高まっていくものかと言えば、残念ながらそうとも限りません。
やはり人間ですからときには落ち込み、
せっかく積み上げた自信が欠けてしまう、ということもあるでしょう。
自信のもち方をみなさんに指導している私でさえ、自信を失いそうになることはあります。
自信を失うのは仕方がないこと。
そのためにも、自信を意図的に回復する方法を知っておくことが大切です。

自分がこれまでSTARプランナーに書いてきたことをじっくりと見直してみることも
その方法のひとつです。

毎日書き続けた「今日のよかったこと」を最初から全部目を通してみてください。

これまでのあなたが、どれだけの「よかったこと」を積み上げたのか、
そして、どれだけの「改善行動」を実行して、よい結果を出してきたのか。
それらをあらためて確認すれば、「自分ってすごい!」と素直に感じられるはずです。
ルーティンチェック表に並んだ〇や、期日行動を期日までにきちんとこなせた実績も
あなたに**自信**を与えてくれるでしょう。
また、そこには「プラスの感情を表す言葉」もたくさん書かれているでしょう。
そのときのシーンを思い浮かべながら、
そこで感じたワクワクする感情をもう一度思い出してみてください。
ワクワクする感情が心にどんどんたまっていけば、プラス思考も自然と高まります。

「オープンウィンドウ64 未来思考編・実践思考編」「スターシート」にすでに
書き込んでいる人は、それももう一度見直しましょう。
ドキドキする未来やワクワクするゴールをあらためてイメージすれば、
再びやる気や元気が蘇ってきます。
もし、目標設定をこれまで後回しにしてきた人は、
この機会にぜひ取り組むことをお勧めします。
ワクワクする未来を描ければ、それが磁石となり、
あなたはこれまで以上に前向きに進めるようになるでしょう。

そして、もうひとつ、大切なこと。

どうか、STARプランナーに書くことを決してやめないでください。
なかなかやる気にならないのなら、
「今日のよかったこと」「今日をもう一度やり直せるなら」だけでも
よいので書き続けてください。
そうすれば、少しずつだとしても、必ず、再び**自信**が蘇ってくるはずです。

MONDAY	TUESDAY	WEDNESDAY

_____ 月

今月必ずやること
_____

MEMO

THURSDAY	FRIDAY	SATURDAY	SUNDAY

/ MONDAY	/ TUESDAY	/ WEDNESDAY	/ THURSDAY	/ FRIDAY
今日必ずやること				

6

7

8

9

10

11

12

13

14

15

16

17

18

19

20

21

22

23

24

1

2

今週感じたいプラス感情

	ルーティン行動	月	火	水	木	金	土	日
1								
2								
3								
4								
5								
6								
7								

/ SATURDAY	/ SUNDAY
今日必ずやること	

	今日のよかったこと、今日気づいたこと	今日をもう一度やり直せるなら
6	MONDAY	
7		
8	TUESDAY	
9		
10		
11	WEDNESDAY	
12		
13		
14	THURSDAY	
15		
16		
17	FRIDAY	
18		
19		
20	SATURDAY	
21		
22		
23	SUNDAY	
24	今週を振り返り、目標に向けてヒントになった言葉や出来事を書いておきましょう	今週を振り返り、今後に向けて改善したいことを書いておきましょう
1		
2		

/ MONDAY	/ TUESDAY	/ WEDNESDAY	/ THURSDAY	/ FRIDAY
今日必ずやること				

6

7

8

9

10

11

12

13

14

15

16

17

18

19

20

21

22

23

24

1

2

今週感じたいプラス感情

ルーティン行動　　　　　　　月 火 水 木 金 土 日

1
2
3
4
5
6
7

/	SATURDAY	/	SUNDAY
今日必ずやること			

6
7
8
9
10
11
12
13
14
15
16
17
18
19
20
21
22
23
24
1
2

今日のよかったこと、今日気づいたこと	今日をもう一度やり直せるなら
MONDAY	
TUESDAY	
WEDNESDAY	
THURSDAY	
FRIDAY	
SATURDAY	
SUNDAY	
今週を振り返り、目標に向けてヒントに なった言葉や出来事を書いておきましょう	今週を振り返り、今後に向けて改善したい ことを書いておきましょう

/ MONDAY	/ TUESDAY	/ WEDNESDAY	/ THURSDAY	/ FRIDAY
今日必ずやること				

6

7

8

9

10

11

12

13

14

15

16

17

18

19

20

21

22

23

24

1

2

ルーティン行動　　　　　　　月 火 水 木 金 土 日

	月	火	水	木	金	土	日
1							
2							
3							
4							
5							
6							
7							

/ SATURDAY	/ SUNDAY
今日必ずやること	

6

7

8

9

10

11

12

13

14

15

16

17

18

19

20

21

22

23

24

1

2

今日のよかったこと、今日気づいたこと	今日をもう一度やり直せるなら
MONDAY	
TUESDAY	
WEDNESDAY	
THURSDAY	
FRIDAY	
SATURDAY	
SUNDAY	
今週を振り返り、目標に向けてヒントになった言葉や出来事を書いておきましょう	今週を振り返り、今後に向けて改善したいことを書いておきましょう

8TH MONTH

今週のタスク

_____ 月

/ MONDAY	/ TUESDAY	/ WEDNESDAY	/ THURSDAY	/ FRIDAY
今日必ずやること				
6				
7				
8				
9				
10				
11				
12				
13				
14				
15				
16				
17				
18				
19				
20				
21				
22				
23				
24				
1				
2				

今週感じたいプラス感情

	SATURDAY		SUNDAY

今日必ずやること

6
7
8
9
10
11
12
13
14
15
16
17
18
19
20
21
22
23
24
1
2

ルーティン行動 　　　　　月 火 水 木 金 土 日

1
2
3
4
5
6
7

今日のよかったこと、今日気づいたこと	今日をもう一度やり直せるなら
MONDAY	
TUESDAY	
WEDNESDAY	
THURSDAY	
FRIDAY	
SATURDAY	
SUNDAY 今週を振り返り、目標に向けてヒントになった言葉や出来事を書いておきましょう	今週を振り返り、今後に向けて改善したいことを書いておきましょう

_____ 月

/ MONDAY	/ TUESDAY	/ WEDNESDAY	/ THURSDAY	/ FRIDAY
今日必ずやること				

6

7

8

9

10

11

12

13

14

15

16

17

18

19

20

21

22

23

24

1

2

今週感じたいプラス感情

<table>
<tr><td colspan="2">ルーティン行動</td><td>月 火 水 木 金 土 日</td></tr>
<tr><td>1</td><td></td><td></td></tr>
<tr><td>2</td><td></td><td></td></tr>
<tr><td>3</td><td></td><td></td></tr>
<tr><td>4</td><td></td><td></td></tr>
<tr><td>5</td><td></td><td></td></tr>
<tr><td>6</td><td></td><td></td></tr>
<tr><td>7</td><td></td><td></td></tr>
</table>

/ SATURDAY	/ SUNDAY
今日必ずやること	

6
7
8
9
10
11
12
13
14
15
16
17
18
19
20
21
22
23
24
1
2

今日のよかったこと、今日気づいたこと	今日をもう一度やり直せるなら
MONDAY	
TUESDAY	
WEDNESDAY	
THURSDAY	
FRIDAY	
SATURDAY	
SUNDAY	
今週を振り返り、目標に向けてヒントになった言葉や出来事を書いておきましょう	今週を振り返り、今後に向けて改善したいことを書いておきましょう

今月を振り返り、目標に向けてヒントになった言葉や出来事を書いておきましょう。
今月出会ったワクワクするフレーズを書き留めたり、勇気をもらった写真、気になった新聞や雑誌の記事を貼っておくのもよいですね！

今月習慣化できたルーティン行動

9TH MONTH

元気を与え、心を満たす「ストローク」

かつて私は、指導していた陸上部の子どもたちが一生懸命書いた日誌に、
赤ペンでせっせとコメントを書き入れ、真っ赤にして返していました。
子どもたちは、赤ペンの量を自分への愛情を示す尺度のように捉え、
赤ペンの量が多ければ多いほど喜んでくれたので、私は決してそれに手を抜けなかったのです。
最近指導している企業教育でも同様です。
新入社員が毎月一枚、目標設定用紙を書き、担当の上司に提出します。
上司が赤ペンで添削し、コメントを入れて返却します。
赤ペンで真っ赤になって返却された設定用紙を新入社員は食い入るように見つめています。
なかには泣き出す若者もいます。その用紙の添削のやり取りが大きな成果を生み出すのです。
やる気や元気を高めてくれる言葉やコミュニケーションなどの「プラスの関わり」のことを、
「自立型セルフマネジメント」では「ストローク」と呼んでいます。
私の赤ペン添削も子どもたちにとっては、「ストローク」なのです。
人から与えられる「ストローク」は心の栄養です。親、先輩、上司、友達、恋人……など、
あなたのまわりにも、あなたに「ストローク」を与えてくれる人はたくさんいるでしょう。
やる気・元気が不足してきたとき、「誰から」「どんなストローク」をもらえば、

心が満たされるのか、ぜひ、具体的に考えてみてください。
そして心が栄養不足になっていると感じたときには、
その「ストローク」を自分のほうからどんどんもらいにいきましょう。
恋人に「がんばれ!」と声をかけてもらう、気がおけない友達に一杯付き合ってもらう、
上司にじっくり話を聞いてもらう、など、これさえあれば自分は元気になれるという
「ストローク」を理解していれば、
心が空っぽになってしまうのを未然に防ぐことができます。
また、ほめてもらうことだけが「ストローク」ではありません。
「ここが君の課題だよ」「やり方を変えたほうがいいよ」というような、
まわりの人が与えてくれる「改善すべき行動のアドバイス」もまた、
重要な「ストローク」ですから、前向きに謙虚に耳を傾け、心の栄養にしていきましょう。

相手が親しい人であれば、普段からこういうふうに言ってほしい、
こういうふうに接してほしい、と
自分が求めている「ストローク」を伝えておくのもよいでしょう。
逆にこれだけはやめてほしい、という禁じ手も、相手に伝えておくほうがいいと思います。
実は、私自身、相手に「ストローク」を与えたつもりが、
逆効果になっていたという苦い経験があります。
陸上の大会のときに、私はいつもものすごい大声で生徒の名前を叫んで応援していました。
その声にみんな発奮してくれると思い込んでいたのです。
けれども、ある女子生徒の父兄から、「先生の愛情は十分わかるのですが、
みんなの前で自分の名前を呼ばれるのが恥ずかしいと子どもが悩んでいて……」と
申し訳なさそうに告げられて、自分のやり方を勝手に押しつけていたことを大反省しました。
誰かにとっては素晴らしい「ストローク」=「プラチナストローク」でも、
人によっては逆効果になることもある。
それを悟った私は、その後、子どもたちに「言ってほしい言葉」「言われるといやな言葉」
「やってほしい関わり」「やってほしくない関わり」を事前に聞くようになりました。

「ストローク」をたくさんもらうコツは、
あなたがまわりの人にたくさんの「ストローク」を与えること。
誰かの「ストローク」が欲しいのなら、その人に自分のほうから先に「ストローク」を
与えればいいのです。「ストローク」の原則は、「打てば響く」。
自分から笑顔で接すれば笑顔が返ってくるように、
自分が出したストロークは必ず返ってくるものです。

MONDAY	TUESDAY	WEDNESDAY

月

今月必ずやること

MEMO

THURSDAY	FRIDAY	SATURDAY	SUNDAY

_____ 月

/ MONDAY	/ TUESDAY	/ WEDNESDAY	/ THURSDAY	/ FRIDAY
今日必ずやること				

6

7

8

9

10

11

12

13

14

15

16

17

18

19

20

21

22

23

24

1

2

今週感じたいプラス感情

	ルーティン行動	月	火	水	木	金	土	日
	1							
	2							
	3							
	4							
	5							
	6							
	7							

/ SATURDAY	/ SUNDAY
今日必ずやること	

		今日のよかったこと、今日気づいたこと	今日をもう一度やり直せるなら
6		MONDAY	
7			
8		TUESDAY	
9			
10			
11		WEDNESDAY	
12			
13			
14		THURSDAY	
15			
16			
17		FRIDAY	
18			
19			
20		SATURDAY	
21			
22			
23		SUNDAY	
24		今週を振り返り、目標に向けてヒントになった言葉や出来事を書いておきましょう	今週を振り返り、今後に向けて改善したいことを書いておきましょう
1			
2			

今週のタスク

_____ 月

/ MONDAY	/ TUESDAY	/ WEDNESDAY	/ THURSDAY	/ FRIDAY
今日必ずやること				

6

7

8

9

10

11

12

13

14

15

16

17

18

19

20

21

22

23

24

1

2

	今週感じたいプラス感情

ルーティン行動	月	火	水	木	金	土	日
1							
2							
3							
4							
5							
6							
7							

/ SATURDAY	/ SUNDAY
今日必ずやること	

6

7

8

9

10

11

12

13

14

15

16

17

18

19

20

21

22

23

24

1

2

今日のよかったこと、今日気づいたこと	今日をもう一度やり直せるなら
MONDAY	
TUESDAY	
WEDNESDAY	
THURSDAY	
FRIDAY	
SATURDAY	
SUNDAY	
今週を振り返り、目標に向けてヒントになった言葉や出来事を書いておきましょう	今週を振り返り、今後に向けて改善したいことを書いておきましょう

_____ 月

/ MONDAY	/ TUESDAY	/ WEDNESDAY	/ THURSDAY	/ FRIDAY
今日必ずやること				

6

7

8

9

10

11

12

13

14

15

16

17

18

19

20

21

22

23

24

1

2

今週感じたいプラス感情

ルーティン行動	月	火	水	木	金	土	日
1							
2							
3							
4							
5							
6							
7							

/ SATURDAY	/ SUNDAY
今日必ずやること	

6
7
8
9
10
11
12
13
14
15
16
17
18
19
20
21
22
23
24
1
2

今日のよかったこと,今日気づいたこと	今日をもう一度やり直せるなら
MONDAY	
TUESDAY	
WEDNESDAY	
THURSDAY	
FRIDAY	
SATURDAY	
SUNDAY	
今週を振り返り,目標に向けてヒントになった言葉や出来事を書いておきましょう	今週を振り返り,今後に向けて改善したいことを書いておきましょう

/ MONDAY	/ TUESDAY	/ WEDNESDAY	/ THURSDAY	/ FRIDAY
今日必ずやること				

6

7

8

9

10

11

12

13

14

15

16

17

18

19

20

21

22

23

24

1

2

今週感じたいプラス感情

<table>
<tr><td colspan="7">ルーティン行動</td><td>月</td><td>火</td><td>水</td><td>木</td><td>金</td><td>土</td><td>日</td></tr>
<tr><td>1</td><td></td><td></td><td></td><td></td><td></td><td></td><td></td></tr>
<tr><td>2</td><td></td><td></td><td></td><td></td><td></td><td></td><td></td></tr>
<tr><td>3</td><td></td><td></td><td></td><td></td><td></td><td></td><td></td></tr>
<tr><td>4</td><td></td><td></td><td></td><td></td><td></td><td></td><td></td></tr>
<tr><td>5</td><td></td><td></td><td></td><td></td><td></td><td></td><td></td></tr>
<tr><td>6</td><td></td><td></td><td></td><td></td><td></td><td></td><td></td></tr>
<tr><td>7</td><td></td><td></td><td></td><td></td><td></td><td></td><td></td></tr>
</table>

/ SATURDAY　　/ SUNDAY

今日必ずやること

6
7
8
9
10
11
12
13
14
15
16
17
18
19
20
21
22
23
24
1
2

今日のよかったこと, 今日気づいたこと	今日をもう一度やり直せるなら
MONDAY	
TUESDAY	
WEDNESDAY	
THURSDAY	
FRIDAY	
SATURDAY	
SUNDAY	
今週を振り返り, 目標に向けてヒントになった言葉や出来事を書いておきましょう	今週を振り返り, 今後に向けて改善したいことを書いておきましょう

_____ 月

/ MONDAY	/ TUESDAY	/ WEDNESDAY	/ THURSDAY	/ FRIDAY
今日必ずやること				

6

7

8

9

10

11

12

13

14

15

16

17

18

19

20

21

22

23

24

1

2

今週感じたいプラス感情

	月	火	水	木	金	土	日
1							
2							
3							
4							
5							
6							
7							

/ SATURDAY	/ SUNDAY
今日必ずやること	

6

7

8

9

10

11

12

13

14

15

16

17

18

19

20

21

22

23

24

1

2

今日のよかったこと、今日気づいたこと	今日をもう一度やり直せるなら
MONDAY	
TUESDAY	
WEDNESDAY	
THURSDAY	
FRIDAY	
SATURDAY	
SUNDAY 今週を振り返り、目標に向けてヒントになった言葉や出来事を書いておきましょう	今週を振り返り、今後に向けて改善したいことを書いておきましょう

9TH MONTH

今月を振り返り、目標に向けてヒントになった言葉や出来事を書いておきましょう。

今月出会ったワクワクするフレーズを書き留めたり、勇気をもらった写真、気になった新聞や雑誌の記事を貼っておくのもよいですね！

今月習慣化できたルーティン行動

10 TH MONTH

最高で最良の師匠は
自分自身である

前月に、元気・やる気を高める「ストローク」を、
まわりの人たちから積極的にもらいましょう、自分からも与えましょう、という話をしました。
けれども、「なにかを教わる」「アドバイスをもらう」という場面では、少し事情が異なります。

あなたは他人から教わることを常に100パーセント素直に聞けるでしょうか？
どんなに信頼し、心を許している人が相手だとしても、
多少なりとも反発を感じるのではないでしょうか？
それは、どんなに親しい相手だとしても、
あなたの本音や状況やさまざまな事情を100パーセント理解してもらうことは不可能で、
それがわかっているからこそ、他人からのアドバイスに対して、反発や甘えが生まれるのです。

では、自分がいちばん素直になれる相手は誰なのでしょうか？

それは、ほかでもない、自分自身です。
人間というのは結局、自分に教えられたことを、いちばん素直に聞けるものなのです。

「自分に教えてもらう」というのは、つまり、自分と対話をすること。
そして、日誌（ジャーナル）を書くことは、その効果的な方法のひとつです。
日誌を書くときは、自分の隣に、
自分を客観的に見つめるもう一人の自分がいるとイメージしてみましょう。
もう一人の自分とは、
あなたに対して新しい気づきを与えてくれる実に頼もしい存在なのです。

私の赤ペン添削で、陸上部の子どもたちは、私からの「ストローク」を受け取りました。
親御さんからの前向きな励ましという「ストローク」も
彼らの気持ちを奮い立たせた要因のひとつです。けれども、
彼らが成長した最大の秘訣はなにかといえば、
自分で自分に気づきを与え続けたことだと思います。
自分は今日こんなにがんばった、こんなによいことがあった、これができた、
これがうまくいかなかったけど、次はこうしてみよう……、
それはすべて、日誌のなかで、自分が自分に与えた言葉です。
自分に教えられたからこそ、彼らはその言葉を素直に受け入れ、
気づきを生かして改善し、だからこそ成果を出して、**自信**も高めた。それが真実です。

STARプランナーは、自分と対話するツールだと言えます。
毎日それを開き、書き込む度に、
あなたは自分自身から**自信**の種や気づきをもらっているのです。
最高の師匠は自分自身。
それは意外かもしれませんが、明らかな真実なのです。

MONDAY	TUESDAY	WEDNESDAY

_____ 月

今月必ずやること

MEMO

THURSDAY	FRIDAY	SATURDAY	SUNDAY

今週のタスク

_____ 月

/ MONDAY	/ TUESDAY	/ WEDNESDAY	/ THURSDAY	/ FRIDAY
今日必ずやること				

6
7
8
9
10
11
12
13
14
15
16
17
18
19
20
21
22
23
24
1
2

今週感じたいプラス感情

<table>
<tr><td colspan="2">ルーティン行動</td><td>月</td><td>火</td><td>水</td><td>木</td><td>金</td><td>土</td><td>日</td></tr>
<tr><td>1</td><td></td><td></td><td></td><td></td><td></td><td></td><td></td><td></td></tr>
<tr><td>2</td><td></td><td></td><td></td><td></td><td></td><td></td><td></td><td></td></tr>
<tr><td>3</td><td></td><td></td><td></td><td></td><td></td><td></td><td></td><td></td></tr>
<tr><td>4</td><td></td><td></td><td></td><td></td><td></td><td></td><td></td><td></td></tr>
<tr><td>5</td><td></td><td></td><td></td><td></td><td></td><td></td><td></td><td></td></tr>
<tr><td>6</td><td></td><td></td><td></td><td></td><td></td><td></td><td></td><td></td></tr>
<tr><td>7</td><td></td><td></td><td></td><td></td><td></td><td></td><td></td><td></td></tr>
</table>

/ SATURDAY	/ SUNDAY
今日必ずやること	

6
7
8
9
10
11
12
13
14
15
16
17
18
19
20
21
22
23
24
1
2

今日のよかったこと、今日気づいたこと	今日をもう一度やり直せるなら
MONDAY	
TUESDAY	
WEDNESDAY	
THURSDAY	
FRIDAY	
SATURDAY	
SUNDAY	
今週を振り返り、目標に向けてヒントになった言葉や出来事を書いておきましょう	今週を振り返り、今後に向けて改善したいことを書いておきましょう

/ MONDAY	/ TUESDAY	/ WEDNESDAY	/ THURSDAY	/ FRIDAY
今日必ずやること				

6

7

8

9

10

11

12

13

14

15

16

17

18

19

20

21

22

23

24

1

2

今週感じたいプラス感情

	月	火	水	木	金	土	日
1							
2							
3							
4							
5							
6							
7							

/ SATURDAY	/ SUNDAY
今日必ずやること	

6
7
8
9
10
11
12
13
14
15
16
17
18
19
20
21
22
23
24
1
2

今日のよかったこと、今日気づいたこと	今日をもう一度やり直せるなら
MONDAY	
TUESDAY	
WEDNESDAY	
THURSDAY	
FRIDAY	
SATURDAY	
SUNDAY	
今週を振り返り、目標に向けてヒントになった言葉や出来事を書いておきましょう	今週を振り返り、今後に向けて改善したいことを書いておきましょう

_____ 月

/ MONDAY	/ TUESDAY	/ WEDNESDAY	/ THURSDAY	/ FRIDAY
今日必ずやること				

6

7

8

9

10

11

12

13

14

15

16

17

18

19

20

21

22

23

24

1

2

今週感じたいプラス感情

<table>
<tr><td>/</td><td>SATURDAY</td><td>/</td><td>SUNDAY</td></tr>
</table>

今日必ずやること

6
7
8
9
10
11
12
13
14
15
16
17
18
19
20
21
22
23
24
1
2

ルーティン行動　　　　　月 火 水 木 金 土 日

1
2
3
4
5
6
7

	今日のよかったこと, 今日気づいたこと	今日をもう一度やり直せるなら
MONDAY		
TUESDAY		
WEDNESDAY		
THURSDAY		
FRIDAY		
SATURDAY		
SUNDAY	今週を振り返り、目標に向けてヒントになった言葉や出来事を書いておきましょう	今週を振り返り、今後に向けて改善したいことを書いておきましょう

今週のタスク

_____ 月

/ MONDAY	/ TUESDAY	/ WEDNESDAY	/ THURSDAY	/ FRIDAY
今日必ずやること				

6

7

8

9

10

11

12

13

14

15

16

17

18

19

20

21

22

23

24

1

2

今週感じたいプラス感情

ルーティン行動

	月	火	水	木	金	土	日
1							
2							
3							
4							
5							
6							
7							

/ SATURDAY	/ SUNDAY
今日必ずやること	

6
7
8
9
10
11
12
13
14
15
16
17
18
19
20
21
22
23
24
1
2

今日のよかったこと、今日気づいたこと	今日をもう一度やり直せるなら
MONDAY	
TUESDAY	
WEDNESDAY	
THURSDAY	
FRIDAY	
SATURDAY	
SUNDAY	
今週を振り返り、目標に向けてヒントに なった言葉や出来事を書いておきましょう	今週を振り返り、今後に向けて改善したい ことを書いておきましょう

/ MONDAY	/ TUESDAY	/ WEDNESDAY	/ THURSDAY	/ FRIDAY
今日必ずやること				

6

7

8

9

10

11

12

13

14

15

16

17

18

19

20

21

22

23

24

1

2

今週感じたいプラス感情

	SATURDAY		SUNDAY
今日必ずやること			

6
7
8
9
10
11
12
13
14
15
16
17
18
19
20
21
22
23
24
1
2

ルーティン行動　　　　　　　月 火 水 木 金 土 日

1
2
3
4
5
6
7

今日のよかったこと、今日気づいたこと	今日をもう一度やり直せるなら
MONDAY	
TUESDAY	
WEDNESDAY	
THURSDAY	
FRIDAY	
SATURDAY	
SUNDAY	
今週を振り返り、目標に向けてヒントになった言葉や出来事を書いておきましょう	今週を振り返り、今後に向けて改善したいことを書いておきましょう

今月を振り返り、目標に向けてヒントになった言葉や出来事を書いておきましょう。
今月出会ったワクワクするフレーズを書き留めたり、勇気をもらった写真、気になった新聞や雑誌の記事を貼っておくのもよいですね！

今月習慣化できたルーティン行動

11TH MONTH

心のコップが
下を向いたときには……

心のコップが上を向いている人と下を向いている人。
人間には、この2種類があると私は考えています。
心のコップが上を向いている人というのは、とにかく真面目で、真剣で、
何事にも本気で取り組もうとする人。
逆に心のコップが下を向いている人というのは、
心がすさみ、物事に対していつも投げやり、人の話にも耳を傾けません。
心のコップが上を向いている人と下を向いている人は生きる姿勢や態度が対極なのです。

私は国内外の企業で指導や講演を行っていますが、
高いパフォーマンスを発揮している組織には、ある共通点があります。
それは、時間がきちんと守られていること。
職場の整理整頓が徹底されていて、ゴミなども落ちていないこと。
気持ちのよいあいさつと「ありがとう」という感謝の気持ちが交わされていることです。
これらはつまり、そこにいる人たちの心のコップがきちんと上を向いているなによりの証拠です。

「時を守る」「場を清める」「礼を正す」。

これは、教育哲学者の森信三先生も提唱されていますが、

私は人と組織の「再建の三原則」と呼んでいます。

また心のコップを上に向けるための「三原則」でもあると感じています。

この3つが徹底されると、心のコップは上を向くのです。

心のコップはいつも同じ方向を向いているわけではありません。

普段は上を向いていても、ささいな理由で下を向いてしまうこともあります。

心のコップが下を向いているな、と感じるときは、

たいがい、さきほどの「三原則」のどれかが欠けています。

逆に言えば、「時間にルーズになった」

「部屋の掃除が行き届いていない」「あいさつがおざなりになっている」というのは、

心のコップが下を向き始めている予兆でもあります。

「時を守る」「場を清める」「礼を正す」ことは、

本来当たり前のことで、難しいことではありません。

だとしたら、心のコップを上に向けることも、決して難しいことではないということです。

もしも、これらがきちんとできていないという自覚があるなら、

さっそくルーティン行動のリストに追加しましょう。

これらが当たり前にできる習慣を身につければ、

あなたは自分のコップをいつも上向きに保つことができるはずです。

心のコップが下を向いたままでは、結果は出ないと断言できます。

たとえ一時的に成果があがったとしても、決して長続きしません。

つまり、さきほどあげた三原則は、

生涯ついてまわる、成功のための直球中の直球なのです。

MONDAY	TUESDAY	WEDNESDAY

_____ 月

今月必ずやること

MEMO

THURSDAY	FRIDAY	SATURDAY	SUNDAY

/ MONDAY	/ TUESDAY	/ WEDNESDAY	/ THURSDAY	/ FRIDAY
今日必ずやること				

6
7
8
9
10
11
12
13
14
15
16
17
18
19
20
21
22
23
24
1
2

今週感じたいプラス感情

ルーティン行動　　　　　　　　　　月 火 水 木 金 土 日

	月	火	水	木	金	土	日
1							
2							
3							
4							
5							
6							
7							

/ SATURDAY	/ SUNDAY
今日必ずやること	

6

7

8

9

10

11

12

13

14

15

16

17

18

19

20

21

22

23

24

1

2

今日のよかったこと、今日気づいたこと	今日をもう一度やり直せるなら
MONDAY	
TUESDAY	
WEDNESDAY	
THURSDAY	
FRIDAY	
SATURDAY	
SUNDAY	
今週を振り返り、目標に向けてヒントになった言葉や出来事を書いておきましょう	今週を振り返り、今後に向けて改善したいことを書いておきましょう

/ MONDAY	/ TUESDAY	/ WEDNESDAY	/ THURSDAY	/ FRIDAY
今日必ずやること				
6				
7				
8				
9				
10				
11				
12				
13				
14				
15				
16				
17				
18				
19				
20				
21				
22				
23				
24				
1				
2				

今週感じたいプラス感情

/ SATURDAY	/ SUNDAY
今日必ずやること	

6

7

8

9

10

11

12

13

14

15

16

17

18

19

20

21

22

23

24

1

2

ルーティン行動

月 火 水 木 金 土 日

1
2
3
4
5
6
7

今日のよかったこと、今日気づいたこと | 今日をもう一度やり直せるなら

MONDAY

TUESDAY

WEDNESDAY

THURSDAY

FRIDAY

SATURDAY

SUNDAY

今週を振り返り、目標に向けてヒントに
なった言葉や出来事を書いておきましょう

今週を振り返り、今後に向けて改善したい
ことを書いておきましょう

/ MONDAY	/ TUESDAY	/ WEDNESDAY	/ THURSDAY	/ FRIDAY
今日必ずやること				

6

7

8

9

10

11

12

13

14

15

16

17

18

19

20

21

22

23

24

1

2

今週感じたいプラス感情

ルーティン行動 　　　　月 火 水 木 金 土 日
1
2
3
4
5
6
7

	SATURDAY		SUNDAY
今日必ずやること			

6
7
8
9
10
11
12
13
14
15
16
17
18
19
20
21
22
23
24
1
2

今日のよかったこと, 今日気づいたこと	今日をもう一度やり直せるなら
MONDAY	
TUESDAY	
WEDNESDAY	
THURSDAY	
FRIDAY	
SATURDAY	
SUNDAY	
今週を振り返り, 目標に向けてヒントになった言葉や出来事を書いておきましょう	今週を振り返り, 今後に向けて改善したいことを書いておきましょう

/ MONDAY	/ TUESDAY	/ WEDNESDAY	/ THURSDAY	/ FRIDAY
今日必ずやること				

6

7

8

9

10

11

12

13

14

15

16

17

18

19

20

21

22

23

24

1

2

今週感じたいプラス感情

ルーティン行動　　　　月 火 水 木 金 土 日

	月	火	水	木	金	土	日
1							
2							
3							
4							
5							
6							
7							

	SATURDAY		SUNDAY

今日必ずやること

6

7

8

9

10

11

12

13

14

15

16

17

18

19

20

21

22

23

24

1

2

今日のよかったこと、今日気づいたこと	今日をもう一度やり直せるなら
MONDAY	
TUESDAY	
WEDNESDAY	
THURSDAY	
FRIDAY	
SATURDAY	
SUNDAY	
今週を振り返り、目標に向けてヒントになった言葉や出来事を書いておきましょう	今週を振り返り、今後に向けて改善したいことを書いておきましょう

今週のタスク

_____ 月

/ MONDAY	/ TUESDAY	/ WEDNESDAY	/ THURSDAY	/ FRIDAY
今日必ずやること				

6

7

8

9

10

11

12

13

14

15

16

17

18

19

20

21

22

23

24

1

2

今週感じたいプラス感情

/ SATURDAY	/ SUNDAY
今日必ずやること	

6
7
8
9
10
11
12
13
14
15
16
17
18
19
20
21
22
23
24
1
2

1
2
3
4
5
6
7

	今日のよかったこと, 今日気づいたこと	今日をもう一度やり直せるなら
MONDAY		
TUESDAY		
WEDNESDAY		
THURSDAY		
FRIDAY		
SATURDAY		
SUNDAY	今週を振り返り、目標に向けてヒントになった言葉や出来事を書いておきましょう	今週を振り返り、今後に向けて改善したいことを書いておきましょう

11TH MONTH

今月を振り返り、目標に向けてヒントになった言葉や出来事を書いておきましょう。
今月出会ったワクワクするフレーズを書き留めたり、勇気をもらった写真、気になった新聞や雑誌の記事を貼っておくのもよいですね！

12 TH MONTH

この手帳にはあなた自身の "答え" が詰まっています

STARプランナーを始めてからもう12ヶ月目。ここまで本当によくがんばりましたね！

あなたはすでに、素晴らしい成功のための習慣を身につけています。
自分ではまだ気がついていないかもしれないですが、
あなたの潜在的な能力はすでに活性化されています。
あなたはこれから自分の能力を十分に発揮して、
とても素晴らしい経験をすることになると思います。

最初に掲げた目標は達成できなかった……。そんな人もいるかもしれません。
でも、だからと言って**自信**を失う必要はまったくありません。

たとえば、日本一になる！　という目標を掲げて、
結果2番だった場合、それは失敗なのでしょうか？
私は決してそうだとは思いません。
なぜかと言えば、一見失敗に見えることのなかにも、必ず「達成」があるからです。

成功か失敗かと言えば確かに「失敗」かもしれませんが、
プロセスのなかにある「達成」に目を向ければ喜びに気づき、必ず次につながるのです。
まずは、自分のがんばりを讃えましょう。
大事なのは、即座に「もし、もう一度やり直せるなら」という視点をもち、
あらためて自分と向き合うこと。
その繰り返しは自分の本当の成長につながります。
一時的な失敗や成功に一喜一憂する必要はありません。
必要なのは、同じ失敗を繰り返さないようにするためのあくなき改善です。
それをどれだけ高い質でやれたかが、次の成功につながるのです。
そしてなにより大事なのは、
いつも心に十分な栄養を与えて、自分の**自信**を高めておく意識をもつことです。
自分が1年間取り組んだこの手帳をあらためて見直してみましょう。
ここには、あなたの1年間の素晴らしい姿勢と取り組みがあらわれているはずです。
最高の師匠である自分自身が出してきた答えが全部ここに詰まっています。
それを実感することは、人生にはかりしれない「プラス」をもたらすでしょう。
そしてどうか、この習慣を来年も再来年もずっと続けてください。
STARプランナーは、あなたの成長の歴史になり、**自信**の源になります。
これほど貴重なものはありません。
さらに、身近な同僚や友人、後輩などに、
この手帳で体感したプロセスをぜひ教えてあげてください。
自立型人間が増えるとお互いに切磋琢磨し合えますし、組織のレベルもぐっとあがります。
それは、もちろん、あなた自身の成長にもつながります。

さあ、締めくくりの1ヶ月。最後までしっかりがんばりましょう!

MONDAY	TUESDAY	WEDNESDAY

_____ 月

今月必ずやること

MEMO

THURSDAY	FRIDAY	SATURDAY	SUNDAY

/ MONDAY	/ TUESDAY	/ WEDNESDAY	/ THURSDAY	/ FRIDAY
今日必ずやること				

6

7

8

9

10

11

12

13

14

15

16

17

18

19

20

21

22

23

24

1

2

今週感じたいプラス感情

<table>
<tr><td colspan="2">ルーティン行動</td><td>月 火 水 木 金 土 日</td></tr>
<tr><td>1</td><td></td><td></td></tr>
<tr><td>2</td><td></td><td></td></tr>
<tr><td>3</td><td></td><td></td></tr>
<tr><td>4</td><td></td><td></td></tr>
<tr><td>5</td><td></td><td></td></tr>
<tr><td>6</td><td></td><td></td></tr>
<tr><td>7</td><td></td><td></td></tr>
</table>

/ SATURDAY	/ SUNDAY
今日必ずやること	

6
7
8
9
10
11
12
13
14
15
16
17
18
19
20
21
22
23
24
1
2

今日のよかったこと、今日気づいたこと	今日をもう一度やり直せるなら
MONDAY	
TUESDAY	
WEDNESDAY	
THURSDAY	
FRIDAY	
SATURDAY	
SUNDAY	
今週を振り返り、目標に向けてヒントになった言葉や出来事を書いておきましょう	今週を振り返り、今後に向けて改善したいことを書いておきましょう

/ MONDAY	/ TUESDAY	/ WEDNESDAY	/ THURSDAY	/ FRIDAY
今日必ずやること				

6

7

8

9

10

11

12

13

14

15

16

17

18

19

20

21

22

23

24

1

2

今週感じたいプラス感情

	SATURDAY		SUNDAY
/		/	

今日必ずやること

6
7
8
9
10
11
12
13
14
15
16
17
18
19
20
21
22
23
24
1
2

ルーティン行動

	月	火	水	木	金	土	日
1							
2							
3							
4							
5							
6							
7							

今日のよかったこと、今日気づいたこと	今日をもう一度やり直せるなら
MONDAY	
TUESDAY	
WEDNESDAY	
THURSDAY	
FRIDAY	
SATURDAY	
SUNDAY	
今週を振り返り、目標に向けてヒントになった言葉や出来事を書いておきましょう	今週を振り返り、今後に向けて改善したいことを書いておきましょう

/ MONDAY	/ TUESDAY	/ WEDNESDAY	/ THURSDAY	/ FRIDAY
今日必ずやること				

6
7
8
9
10
11
12
13
14
15
16
17
18
19
20
21
22
23
24
1
2

今週感じたいプラス感情

ルーティン行動　　　　　　　　　月 火 水 木 金 土 日

	月	火	水	木	金	土	日
1							
2							
3							
4							
5							
6							
7							

/ SATURDAY	/ SUNDAY
今日必ずやること	

6

7

8

9

10

11

12

13

14

15

16

17

18

19

20

21

22

23

24

1

2

今日のよかったこと、今日気づいたこと　今日をもう一度やり直せるなら

MONDAY

TUESDAY

WEDNESDAY

THURSDAY

FRIDAY

SATURDAY

SUNDAY

今週を振り返り、目標に向けてヒントに
なった言葉や出来事を書いておきましょう

今週を振り返り、今後に向けて改善したい
ことを書いておきましょう

/ MONDAY	/ TUESDAY	/ WEDNESDAY	/ THURSDAY	/ FRIDAY
今日必ずやること				

6

7

8

9

10

11

12

13

14

15

16

17

18

19

20

21

22

23

24

1

2

今週感じたいプラス感情

/ SATURDAY	/ SUNDAY

今日必ずやること

6
7
8
9
10
11
12
13
14
15
16
17
18
19
20
21
22
23
24
1
2

ルーティン行動　　　　　月 火 水 木 金 土 日

1
2
3
4
5
6
7

今日のよかったこと、今日気づいたこと　　今日をもう一度やり直せるなら

MONDAY

TUESDAY

WEDNESDAY

THURSDAY

FRIDAY

SATURDAY

SUNDAY

今週を振り返り、目標に向けてヒントに
なった言葉や出来事を書いておきましょう

今週を振り返り、今後に向けて改善したい
ことを書いておきましょう

/ MONDAY	/ TUESDAY	/ WEDNESDAY	/ THURSDAY	/ FRIDAY
今日必ずやること				

6

7

8

9

10

11

12

13

14

15

16

17

18

19

20

21

22

23

24

1

2

今週感じたいプラス感情

	月	火	水	木	金	土	日
1							
2							
3							
4							
5							
6							
7							

／ SATURDAY	／ SUNDAY
今日必ずやること	

6
7
8
9
10
11
12
13
14
15
16
17
18
19
20
21
22
23
24
1
2

今日のよかったこと、今日気づいたこと	今日をもう一度やり直せるなら
MONDAY	
TUESDAY	
WEDNESDAY	
THURSDAY	
FRIDAY	
SATURDAY	
SUNDAY	
今週を振り返り、目標に向けてヒントになった言葉や出来事を書いておきましょう	今週を振り返り、今後に向けて改善したいことを書いておきましょう

1年を振り返り、目標に向けてヒントになった言葉や出来事を書いておきましょう。

この1年に出会ったワクワクするフレーズを書き留めたり、勇気をもらった写真、気になった新聞や雑誌の記事を貼っておくのもよいですね！

「オープンウィンドウ64 未来思考編」を完成させよう!

仏教の「曼荼羅」からヒントを得た「マンダラ」や「マンダラチャート」とも呼ばれるものに、
私なりの改善と新しいアイデアを施して完成させたものが
付録の「オープンウィンドウ64」です。
このシートが、目標を、その実現のために必要な要素や行動へと
明確に落とし込んでいくツールとなります。

そもそも「マンダラ」とは仏教の世界観を視覚的にあらわした絵画のことで、
そこには人の思考や考え方の渦が描かれています。人間の心理の核に達するこの思考法に習い、
「オープンウィンドウ64」も目標を8×8=64のマスで思考する仕組みになっています。

ところで、目標というと、あなたは何が思い浮かぶでしょうか?
今日の目標、今週の目標、今月の目標、今年の目標……といった短期的なことに
いきなりターゲットを絞っていませんか? けれども、その前に本来必要なのは、
そもそも自分がどう生きたいのかという人生全体のビジョン。
それがあってこそ、目先の目標へのモチベーションは高まり、
それゆえに高いパフォーマンスも発揮できるのです。
世の中で成功者と呼ばれる人は例外なく、明確な人生のビジョンをもっています。
また、P.18でもお話したように、人はイメージを超える結果を出すことはできません。
自分の可能性を大きく広げたいのなら、
まずは未来のイメージを大きく広げること、つまりイメージの「拡散」が必要なのです。

未来のイメージを「拡散」する場となるのが、「オープンウィンドウ64 未来思考編」です。
中心に「自分の未来」と書かれたこのシートでは、あなたが人生で達成したい夢や目標を
「自分のこと（理想の自分・なりたい自分）」「仕事」「健康（心・体）」
「趣味（レジャー・レクリエーション）」「教養（教育・勉強）」「収入・財産・老後」
「家族・家庭」「奉仕活動（社会・他者のために）」という
8つのジャンルに分類して考えていきます。

中央から放射状に伸ばした9マスの部分の中心には、ジャンルの名前が書かれていますから、
そのジャンルにおいて自分が達成したい目標を真上のマスから時計回りに書き込んでいきます。
強い思いを感じる夢や希望は、大きな字で書いたり、赤い丸で囲むなどして、
その思いの強さも表現し、夢や目標に強弱をつけてもよいでしょう。

また、まずは付箋に目標をどんどん書き出し、
優先順位の高いものからマス目に貼っていくというやり方もあります。
貼り終わったら全体を眺め、バランスを考えながら、必要なら別のものに貼り替えたりして、
これで間違いないと確信したら、シートに清書します。

全てのマスに書き込めばその瞬間から64個の目標が生まれたことになります。
64個も目標を考えるなんて、何時間もかかるのではないかと思う人がいるかもしれませんが、
一つのジャンルにおける8つの目標を書く時間の目安は5分程度。
つまり、40分程度で1枚のシートが書き終わるはずです。
もしもどこかのジャンルのマスが埋められず空白が残ってしまった場合も
心配することはありません。なぜならそこはあなたの成長ポイントだからです。

このノートの冒頭でもお話したように、自立とは心とパフォーマンスのバランスが
取れている状態です。仕事の目標ばかりを追い求め、健康や家庭が二の次になったり、
自分のことしか興味を持たず奉仕の心を忘れたり、
趣味に没頭してビジネスの視点が持てない、というのは、目標が偏っている状態だと言えます。
ですからこの時点では、それを発見できたことをよしとして、
そこは空白のままいったん作業は終了してください。
ただし、空白の部分はあなたの弱点だと言える部分ですから、
それを埋めるための行動を起こす必要があります。そのテーマに関する本を読んだり、
成功している身の周りの人から学んだりすれば、必ず自分なりの答えが見つかるはずです。

そうしたら、その都度空白の部分に書き足していきましょう。このように弱点も含めた
現在の自分を前向きに捉え、行動を変えるのもこのシートの目的の一つなのです。

シートの上部にあるスターが描かれたゾーンには、このシートに書いた夢や目標がかなったときに、
どういう感情を得られるのかを想像して書いてください。

多くの人はあまり気づいていませんが、これはとても重要な作業です。
なぜなら夢や目標に対するモチベーションを左右するのは、実はこの感情という要素。
人が夢を追い求めるのは、結局のところ、そこで得られる感情を求めているからなのです。

たとえば、「恋人と一人10万円のディナーを食べたい」という夢をもっていたとしても、
本当に欲しているのは「10万円のディナー」ではなく、
「10万円のディナーを愛する人と食べたときに感じる幸せな気持ち」であるはずです。
「年収1億円」という夢も、本当に欲しいのはお金そのものではなく、
それによって得られる「自信」や「誇らしさ」といった感情です。
だからこそその「感情」をイメージをしながら、
それを言葉にしてアウトプットすることが大切なのです。
ここでも、P.14の「プラス感情を表す言葉集」をぜひ参考にしてください。

このシートはいわば、あなたの人生の「ネタ帳」ですから、
いつも目につくところに貼っておき、実現できた項目を消したり、
新たに生まれた夢を書き加えたりして、しっかりと「手入れ」することも大切です。

そうやって手入れしていく中で、多くの人は、「ひとつの夢や目標をかなえたことで
同時多発的に複数の夢や目標がかなう」ということを実感することになるはずです。
そしてその実感は、自分の未来のイメージをさらに拡散させ、
それとともに、あなたの可能性も無限に広がっていくのです。

次のページで、「オープンウィンドウ64（未来思考編）」の記入例を紹介します。
それを参考にしつつ、ワクワクしながら、あなたのシートも完成させてください。

OPEN WINDOW 64

〈 オ ー プ ン ウ ィ ン ド ウ 6 4 〉

未 来 思 考 編

記入日　　　年　　　月　　　日

★愛情に満ちている
★ワクワクする
★エネルギッシュ
★楽しい
★誇らしい

夢の実現で得られる あなたの感情は？

夢を実現したときに、どういう感情が湧くか想像してみましょう

年1回以上、家族でチャリティイベントに参加できている	子育て経験を生かした地域のボランティア活動に参加することができている	収入の3%を支援したい活動をする団体へ寄付できている	理想を描き挑戦しつづける人生	愛であふれた人生を歩めている	今ある幸せに感謝できる心を持ち続けている	自身の成功例をコンテンツ化し、セミナーとして開催することができている	決められた時間と場所に縛られない働き方ができている	子どもたちに仕事に取り組んでいる姿を見せることができている
地域のコミュニティスクールの運営に関わることができている	❻奉仕活動（社会・他者のために）	PTA役員などもどうせやるなら楽しんでお引き受けている	いくつになっても女性としての輝きを失っていない	❶自分のこと（理想の自分・なりたい自分）	生涯を通じて心身ともに健康である	生涯現役で仕事に携わることができている	❷仕事	地元にも活動拠点をつくることができている
平和な社会が続くように、祖父母の戦争時代の経験談を語り継ぐことができている	家族に毎日「ありがとう」の言葉が伝えられている	自宅に書庫をつくり地域の人に開放することができている	仕事と家庭の両立がうまくできている	「主体変容」まず自分が変わる！さわやかな思考が身についている	自分らしく生きられている	信頼できるNo.2の育成ができている	口コミでの受注がメインとなり、地域No.1の紹介受注となっている	仕事と家庭の両立を叶えたモデルケースとなれている
地域の人にも力を貸してもらいながら子育てができている	経済的・精神的・社会的な自立をするための教育を子どもたちに与えられている	子どもをもう2人授かり、5人家族になっている	❻奉仕活動（社会・他者のために）	❶自分のこと（理想の自分・なりたい自分）	❷仕事	肌年齢が実年齢のマイナス5才の肌質である	家庭菜園で常に旬の野菜を作り食卓にのぼっている	イライラを笑いに変える発想が習慣になっている
年に1回は両実家合同の親睦会を開くことができている	❼家族・家庭	「夫婦の誓い10カ条」を守りつづけられていて円満である	❼家族・家庭	自分の未来	❸健康（心・体）	孫の結婚式に出席できるまで長生きする	❸健康（心・体）	東洋医学を学び自然治癒力を引き出す身体づくりができている
3年以内に保護犬を家族に迎え入れることができている	家族全員が目標達成に必要な技術を身につけられている	夫婦共に仕事を楽しむ姿を子どもにみせることで「大人になるって楽しそう」と思わせることができている	❽収入・財産・老後	❺教養（教育・勉強）	❹趣味（レジャー・レクリエーション）	美容体重の範囲内に体重がキープできている	穀物菜食を基本とした食事を続けられている	毎日良質な睡眠がとれている
いざというとき助け合えるご近所さんとのつながりを築くことができている	5年以内に自然素材を使ったマイホームを建築できている	3年以内に世帯年収1,500万円を達成できている	2年以内に映画は字幕なしで楽しめるようになっている	学びには気持ちよく投資できる心と経済力がある	死ぬまで学び続けることを楽しめている	キッチンをオーダーメードでつくって、毎日気分よく料理ができている	子どもたちが成人するまでに47都道府県全てを家族旅行で行くことができている	年に1回は休暇を海外で過ごすことができている
主人が定年退職したら、夫婦で田舎暮らし用の家を購入する	❽収入・財産・老後	2年以内に収入の柱を2本に増やせている（労働・投資）	速読をマスターし月10冊以上は読書できている	❺教養（教育・勉強）	学びを共有できる仲間づくりをし切磋琢磨できている	家族皆が楽器が出来、セッションを楽しんでいる	❹趣味（レジャー・レクリエーション）	日本の伝統文化にまつわる習い事を親子でできている
40才の誕生日にFIAT500の赤の新車を契約している	毎年1回プロに家族写真を撮ってもらい、家族の歴史を残せている	老後のための資金が8,000万円用意できている	子どもたちに自立のために必要なお金に関する学びの機会を与えられている	家族全員で遊ぶように学び、子どもたちも「学びは楽しい」と認識できている	子どもたちがグローバル社会でも生き抜けられるための知見を身につけられている	野菜づくりを続け収穫した野菜をご近所さんと分け合えている	自宅のインテリアが和モダンテイストで統一できている	夫と80才まで社交ダンスを続けられている

心のエネルギーを高める目標設定❷

「オープンウィンドウ64
実践思考編」を完成させよう!

「オープンウィンドウ64　未来思考編」を完成させたら、
次はより短期的な目標設定に取り組んでみましょう。

完成させた未来思考編のシートを眺め、
そこに書かれている64個の目標の中から自分にとって最も優先順位の高いものを一つ選び、
その目標達成のために「1年後までに達成したい目標」を
「オープンウィンドウ64　実践思考編」の中心のマスに書き込みます。

たとえば、「全社で売り上げナンバー1の営業マンになる」という目標を選んだのなら、
その目標達成のために「1年後までに何を達成するか」を考えます。
売り上げ目標や収入などの数値化しやすいもの、取得したい資格、
大会での優勝といったゴールが明確なもののほうが、
より行動にコミットしやすくなりますので、この場合であれば、
例えば「営業目標を達成しインセンティブを含めて年収1000万を達成する」といった
「この1年の目標」を書き込めばよいのです。

「この1年の目標」を書いたマスの周囲の8マスには、
その目標を達成するために必要な要素を真上のマスから時計回りに8つ書き込みます。
「年収1000万円達成」という目標に対しては、
たとえば「販売促進」「人材育成」「サービス向上」「商品知識アップ」

「スタッフへのメンタルサポート」「チームの関係性向上」「生活面の環境整備」
「自分の人間力向上」といった8つの要素が書き込まれることになります。これが基礎思考です。

基礎思考の8つの柱を考えるのは少し難しく感じるかもしれませんが、
書き込むまでの時間は20分程度を目安にしてください。
もし、どうしても空白のマスが残ってしまうようなら、
未来思考編同様、空白のままにして次のステップに移りましょう。
答えが見えた段階で改めて書き込めばOKです。
このあとP.218から紹介する「スターシート」を作成する過程で
答えが浮かんでくる可能性もあります。

8つの要素に落とし込んだら、
そこから放射状に伸ばした9マスの中心のマスにもその要素を書き込みます。
つまりこの時点で8つの要素が8つの目標として設定されたことになります。

そうして、8つの目標を達成するための行動目標を、
それぞれの目標の真上のマスから時計回りにさらに書き込んでいきます。
これが実践思考です。

たとえば「販売促進」という目標の周りには、
「Aエリアで毎日ポスティングを200枚行う」「毎日街頭でチラシを100枚配る」
「DMを月初に5000通発送する」
「パブリシティ掲載依頼を月末までに10紙のフリーペーパーに対して行う」
「レジ横で毎回パンフレットを配布する」
「電話営業を午前中に毎日20件行う」
「企業訪問を午後に毎日5件行う」
「前日予約いただいたお客様に
翌日必ずお礼状を書く」
などが書き込まれることになります。

実践思考では、数字と期日を明確にした「期日行動」や、
毎日行う「ルーティン行動」まで落とし込むことが重要で、
その内容が具体的であればあるほどより実践的です。
数字が明確で具体的な行動にまでコミットできるのは、
中心の目標に対する強い意志の表れだということもできます。
なお、未来思考編と同様に、
付箋を使って仕上げれば、書き直し、やり直しも楽だと思います。

中心のマスに書いた目標がかなったときに、どういう感情を得られるのかを想像し、
シート上部のスターゾーンに書くというのも、未来思考編と同様です。
繰り返しますが、得られる感情をイメージすることは、
目標達成へのモチベーションを左右する重要なステップですので、必ず行ってください。

「オープンウィンドウ64」のよいところは、この1枚が全てではなく、
中心に置く目標を変えて何枚でも作成できることです。
仕事の目標のみでなく、ダイエットや結婚など、
達成したい目標が複数あるのであれば、目標別に作成するとよいでしょう。
完成したシートは、
次に作成する「目標・目的設定用紙（スターシート）」のベースになると同時に、
起こすべき行動を常にイメージさせ、継続させる、
目標達成の根幹を担うものとなります。
常に見直すことを心がけてください。

こちらも次のページに記入例をご紹介します。それを参考に、ポジティブに、
あなたの「オープンウィンドウ64（実践思考編）」を完成させてください。

OPEN WINDOW 64

〈 オープンウィンドウ64 〉

実践思考編

記入日 　　　年　　　月　　　日

★ワクワクする
★感激
★輝いている
★元気いっぱい
★成功している

夢の実現で得られる あなたの感情は？

夢を実現したときに、どういう感情が
湧くか想像してみましょう

トラブルや ハプニングを 楽しむ余裕を持つ	毎朝5：55分に 起床して家族と 会話する	毎週剣道の 稽古か素振りを 行う	既契約者同士の コミュニティを作る	週5人の 既契約者訪問で ニーズを確認する	年2回のアンケート で近況を把握する	常に笑顔で 気軽に相談できる 雰囲気を出す	妻が毎日笑顔で いられるように 心する	次男と義理の母と 毎朝笑顔で おしゃべり
毎日、ワクワク する未来を 仲間と共有する	❻ 常に メンタル・ 体調を 整える	毎日の報告を 営業所長に行う	ダブル担当者を 検討し、 徐々に移行する	❶ 既契約者 1000人への 貢献	毎日バースディ コールorメール	新任所長と メンバーの 精神的な 支柱になる	❷ 家族・友人・ 同僚2000人 への貢献	社会人1年目の 長男と毎週 意見交換
毎朝、血圧を測り 体調を確認する	毎日、初めて会う 方に全力で サポートする	毎朝、個人の 理念とMissionを 唱える	既契約者リストを 毎日眺めて 思いを馳せる	紹介出来る人材を 常に増やす	問題解決できるよう 能力を常に高める	他支社のLPとも 積極的に関わる	夜7時以降は、 相談案件の為に 時間を空ける	マイスターメンバー と仕事の 楽しみを共有する
毎日スポーツ/音楽/ アートで世界が1つ になることを イメージする	MJ基金の モナコ在住の理事の R氏と9月に コラボレーション	リオのG氏と ブラジルの大学生を 日本に招待する	❻ 常に メンタル・ 体調を 整える	❶ 既契約者 1000人への 貢献	❷ 家族・友人・ 同僚2000人 への貢献	応援する 経営者を10名に 絞り込む	年商10億以上の 経営者100人 リストアップ	毎週5人の 経営者に アポイント
毎月3人の世界一に インタビューする	❼ ワクワクする 未来と世界を 想像し 行動する!	在米アーティストA さんに小学生1000 名の手紙を届ける	❼ ワクワクする 未来と世界を 想像し 行動する!	目標 年間保険料 10億円で 未来に貢献する!	❸ 5億円以上の 相続・ 事業承継に 貢献	事業承継経験者に 話を聞く	❸ 5億円以上の 相続・ 事業承継に 貢献!	毎週2回、相続・事 業承継ビデオ学習
スペインのプロサッ カーチームと経営哲 学研修を実施する	1000人の大学生と 8月にギネスに挑戦 する	名誉会のT氏と日本 代表応援プロジェク トを企画する	❺ プロフェッショ ナルとして コミットメント	❺ 志を共にする パートナーと の相互研鑽	❹ オリ・パラリン ピックを 通して 世界に貢献	M&Aのプレイヤー とジョイント案件を 進める	事業承継 専門税理士10名と 繋がる	毎月、 ケーススタディ 勉強会開催
毎日、 所長と本日の フィードバックを する	3ヶ月毎に 4観点の目的・目標 を設定する	3ヶ月毎に 長期目標と ルーティンを 設定する	各プロフェッショナ ルや経営者の 強みのシェアリング	M&A関係税理士と の勉強会2回開催	税理士・司法書士と の毎月の案件会議	ブラインドサッカー や盲学校への貢献	会社に パラリンピック応援 団結成	大学生主体の 応援団プロジェクト 設立
毎日20個の ルーティンを やり切る	❺ プロフェッショ ナルとして コミットメント	毎日、業界知識の ために30分の 勉強	WD・シブヤ大学・ FCバルセロナ理事と 協働	❺ 志を共にする パートナーと の相互研鑽	海外資産相続対策 セミナー開催	ブラジル人サッカー 選手R氏と 合同イベント開催	❹ オリ・パラリン ピックを 通して 世界に貢献	8月下旬に 恵比寿で 1000人イベント 開催
常に自己ギネスを 目標とし、 自己の成長を図る	業界を代表する 意識と品格を持って 行動する	毎日、 最低・最悪を 想定し最高の 準備をする。	プライベートバンカー との意見交換	社内LPと相続・ 事業承継案件の コラボ	生命保険と 相続・事業承継 対策勉強会	9月に葛西の 小学校で1000人 音楽授業	12月に渋谷区で ミュージカル開催	20カ国の大使館と 小学生の交流授業

(記入例の作成には上田晋さんにご協力いただきました)

心のエネルギーを高める目標設定❸
「スターシート」を作成しよう!

「オープンウィンドウ64」の未来思考編で未来に向けてのイメージを拡散し、
実践思考編で1年後の目標設定と行動目標を設定したら、
次はそれを絞り込むこと、つまり目標をより具現化する作業が必要です。
それが「スターシート」の作成です。

高いパフォーマンスを発揮する人の考え方と具体的行動を分析し、
それを体系化した「スターシート」には、「枯れない生きた目標」を設定し、
実際の行動につなげるために必要な要素がすべて盛り込まれています。

P.219〜 P.228までは、「スターシート」を完成させるためのワークシート（下書き欄）になっています。
少しずつでかまいませんので、楽しく未来を想像しながら、書き込んでみましょう。
最後まで進んだら、P.229の「スターシート」に書き写し、完成させてください。

「家で毎日する奉仕活動」

「職場で毎日する奉仕活動」

いきなり奉仕活動について書くの？　と感じた方もいるかもしれませんが、

奉仕活動は「自立型セルフマネジメント」に欠かせないテーマです。だからこそ、

まず最初に自分が取り組む奉仕活動について思いを巡らし、それをアウトプットして

いただきたいのです。奉仕活動は、「時間や気持ちに余裕があるときにやること」ではなく、

できるだけ「必ず毎日やろう」という意識をもってください。（成果をあげる「間接的努力」として、

奉仕活動がなぜ必要なのかはP.114〜115に書いているので、そちらを参照してください。）

奉仕活動といっても、大げさに考える必要はありません。

たとえば、家族や職場、地域の人に喜ばれるような「清掃活動」は、

生活のなかに容易に組み込めます。これを基本に考えるとよいでしょう。

確実に実行できるよう、いつやるか、どのタイミングでやるかも、具体的に書いてください。

❶家で毎日、どの時間に、どのような奉仕活動をしますか？

（記入例）
帰宅後、すぐにトイレ掃除で便器ピカピカ。

❷職場で毎日、どの時間に、どのような奉仕活動をしますか？

（記入例）
毎朝7時、一番に出社し、部屋の換気と机をふく。

「4観点で目標を広げよう」

完成された「オープンウィンドウ64 実践思考編」をじっくり見て、
スターゾーンに書かれた感情もイメージしながら、
1年後くらいまでに達成したい目標をあらためて見直してみましょう。
その目標を「生きた枯れない目標」にする秘訣は、
「私−有形」「私−無形」「社会・他者-有形」「社会・他者−無形」の4つの観点から
広げていくこと。実はひとつの観点から立てた目標からは、
ほかの3つの観点の目標も同時に背負いながら自動的に生まれてくるものです。

たとえば、「営業目標を達成しインセンティブを含めて年収1000万円を達成する」
というのは「私−有形」の目標です。
でも、その夢を「広げる」ことを意識すれば、

- 「私−無形」の目標 → 「毎日の生活を充実させる」
- 「社会・他者−有形」の目標 → 「インセンティブで得たお金で両親に旅行をプレゼントする」
- 「社会・他者−無形」の目標 → 「両親に私のことを誇りに思ってもらう」

というふうに、残りの3つの観点の目標が生まれてきます。
こんなふうに、目標をいつも4つの観点から考える習慣をもてば、
自分の幸せと他者の幸せを共存させられる理想の人格が形成され、
目の前の数字だけを追い求めて他人に無関心になるとか、他人を蹴落としても、
という歪んだ思考に陥ることはありません。
多くの人が基本とするのは「私-有形」の目標でしょうが、
実はその達成をもっとも促進するのが、
その対角線上にある「社会・他者-無形」の目標です。
スポーツ選手はよく、「みなさんに勇気を与えるためにがんばります」
「みなさんに笑顔を届けるためにがんばります」といった言葉を口にしますが、
それこそがまさに「社会・他者-無形」の目標であり、
その目標への思いが強い人ほど、素晴らしい結果を残すのです。

夢を4観点で広げると、目標へのモチベーションも4倍以上に膨れます。

つまり、先にあげた例なら、

「インセンティブを得て、年収1000万円を達成したい」という目標に

「毎日の生活を充実させたい」「両親に旅行をプレゼントしたい」「両親を喜ばせたい」という

モチベーションが掛け算で上乗せされるというわけです。

目標に対するモチベーションを上手に高められる人というのは、

意識的であれ、無意識であれ、このように目標を広げる術を心得ているものです。

また、このように4観点で目標を広げておけば、

達成された結果に対する向き合い方も変わってきます。

たとえば、年収1000万円という「私−有形の目標」だけを掲げていると、

仮にその結果が年収が950万円だったとすると、

「がんばったけど達成できなかった」ということだけで終わってしまいます。

本当はそれをがんばったことでたくさんのことを得ているはずなのに、

意識を向けていないがゆえにそこに気づくことができません。

けれども、最初から、その夢を4観点で広げておけば、

たとえ、年収1000万円に届かなかったとしても、

「毎日の生活は充実していた」

「両親に海外旅行は無理だったけど、国内旅行はプレゼントできた」

「私のがんばりを両親が喜んでくれた」という成果を実感することができます。

それがまた自信となり、次の目標へと向かう原動力になるのです。

つまり、夢を4観点から広げることは、自信を得るためにもとても大事なことなのです。

では、さっそく、次のページの
ワークシートを使って
あなたの夢を広げてみましょう。
プラスの感情を表す言葉を
積極的に取り入れることも
ぜひ意識してください。
そうすれば、
目標へのモチベーションは
さらにぐんと高まります。

書き始めは4観点のどこでもかまいません。自分のベースとなる目標をまず書き込み、

社会・他者の有形の目標を考えましょう。

（記入例）① 会社を成約件数地域ナンバーワンにする
② 職場の新人のスキルを向上させる
③ 弟に仕送りする
④ ウエディング業界を活性化させる
⑤ 彼女に花屋の開店資金をプレゼントする

社会・他者の無形の目標を考えましょう。

（記入例）① 家族を安心させる
② お客様に最高に喜んでいただく
③ 会社が有名になる
④ 社員が仕事を誇りに思う
⑤ 彼女をとても喜ばせる

そこからほかの3観点に広げていきましょう。

あなた自身の有形の目標を考えましょう。

（記入例）① 私は、年間契約件数30件突破
② 私は、契約金額1億円突破でインセンティブ新人ナンバーワンになる
③ 私は、新人表彰を受ける
④ 私は、英会話スクールで中級試験合格
⑤ 私は、結婚資金を、100万円ためるぞ

あなた自身の無形の目標を考えましょう。

（記入例）① 私は、自分に自信をもつ
② 私は、限界を突破している自分にワクワクしている
③ 私は、最高の充実感を得ている
④ 私は、未来への希望を感じ生き生きしている
⑤ 私は、幸せいっぱいである

「　　年　　月　　日までに達成したい目標」

（ポジティブセンテンス）

次は、4観点で広げた目標を、センテンスにまとめていきます。

センテンスにすることで、描いた目標にストーリーが生まれますので、

目標をより具体的にイメージしやすくなります。

また、プラスの感情を表す言葉を入れることも忘れないでください。さあ、あなたの目標への

モチベーションを支える最高のポジティブセンテンスを作り上げましょう。

**4観点で広げた目標を、「私は○年○月○日までに○○○○をする！」
というセンテンスにまとめてみましょう。**

（記入例）

① 私は、2017年11月1日に、年間契約件数30件を達成し、限界を突破した自分にワクワクしている。

② 私は、2017年11月1日に、年間契約件数30件を達成し、新人表彰を受け、彼女を喜ばせ、幸せいっぱいである。

③ 私は、2017年11月1日に、年間契約件数30件を達成し、インセンティブを手に入れ、弟に仕送りし、家族を安心させている。

④ 私は、2017年11月1日に、年間契約件数30件を達成し、結婚資金100万円をため、彼女がとても喜んでいる。

⑤ 私は、2017年11月1日に、年間契約件数30件を達成し、会社を成約件数地域ナンバーワンにし、有名にし、
　　社員が仕事に誇りをもっている。

「目標を達成するために毎日行うルーティンは？」

「目標を達成するまでの行動・期日」

目標が明確になったら、次はその達成のための具体的な行動、

つまり、「ルーティン行動」と「期日行動」をさらに詳細に考えていきます。

目標達成までの道のり途中に「いつまでに、どういう状態になっているべきか、

なにをしておくべきか」という小さな目標（マイルストーン）を設定する「期日行動」は

目標達成の効果を高めるスキルとして一般的です。けれども、

その前に必ず「ルーティン行動」を設定するのが「自立型セルフマネジメント」の特徴です。

「ルーティン行動」とは、「毎日必ずやる、決まった行動」です。

ただし、一定期間それを繰り返しているうちに、それは、意識しなくてもできること、

つまり「習慣」になります。これは、「潜在意識」での行動です。

つまり、このような「習慣」をどんどん身につけていくことは、

自分の潜在能力の活用につながる、というわけです。顕在能力だけで勝負するか、

潜在能力も活用するか。どちらが目標達成の可能性が高いかは、誰が見ても明らかでしょう。

（潜在能力の活用がいかに重要であるかは、P.66～67でもお話ししています。）

「ルーティン」が「習慣」になるまでには、「意思」の力が必要になります。

そこへのモチベーションを高めるため、プラスの感情を表す言葉も積極的に加えていきましょう。

3週間連続で「スケジュール＆ジャーナル」のルーティンチェック表に○が並んだ場合、

行動は、ほぼ習慣化されていますので、ルーティン行動の項目から外し、

また新しい「ルーティン行動」を設定してください。

この繰り返しで、あなたはたくさんのすぐれた「習慣」を身につけることができます。

その習慣はまさしく、あなたの「長所」になっているのです。

次の期日行動も、なるべく細かく、また、プラスの感情を表す言葉もプラスして、

設定しておくほうがよいでしょう。それをクリアしたときの小さな達成感がたくさん重なり、

それが自信となります。また、書けた期日行動は、目標に近い、遠いほうの期日から、

今に近い期日、という順番で未来から並べていくほうが、スムーズに設定できます。

「目標を達成するために毎日行うルーティン」を考えましょう。

（記入例）
① 毎日、退社前に、日誌をつけ、その日のよかったことを記入して喜ぶ（イェーイ）
② 毎朝、一日の行動予定を立て、重要な仕事を確認する（ビシッ）
③ 毎朝の朝礼で、いちばん大きな声であいさつをし、気合いを入れる（シャキ）
④ 毎日、お客様に「ありがとうハガキ」を3枚心を込めて書く（ほっこり）
⑤ 毎晩、英語のリスニングを30分行う（バリバリ）
⑥ 毎晩、彼女に電話をかけて、元気を高める（ラブラブ）

「目標を達成するまでの行動・期日」を考えましょう。

（記入例）
① 地域の顧客分析を終えて、レポートにまとめる　期日11月30日（ヨシ）
② 年内で、なんとしても5件成約する　期日12月31日（イクイク）
③ ありがとうハガキ200枚突破　期日1月15日（すごい）
④ ブライダル祭りにお客様20名に来てもらう　期日2月11日（ドーン）
⑤ 新人世話役係りに任命される　期日4月1日（ハイ）
⑥ 実家に帰省する　期日5月3日（ほー）

「目標を達成するために必要なストロークは？」

「ストローク」とは、心理学の専門用語で、

自分のやる気を高めてくれる言葉やコミュニケーションのことですが、

「自立型セルフマネジメント」では、やる気・元気を与える「プラスの関わり」と定義しています。

人から与えられる「ストローク」はいわば心の栄養。

心の栄養は、食事で体を作る「体の栄養」とともに、人間には絶対必要なことです。

～さんから声をかけてもらうと勇気が出る、～店長に報告を聞いてもらうとほっとする……、

そういうささいなことが、実はとても大切なのです。

もちろん、人から与えられるのは「プラスの関わり」だけではありません。

心の栄養が十分に補給されていなければ、「マイナスの関わり」によって傷つき、

心が折れてしまうことも十分あり得ます。

心の栄養補給も毎日が基本です。さっそく、あなたに必要な「ストローク」を設定しましょう。

---

❶ あなたは誰から「ストローク」を受け取りたいですか？

（記入例）

店長

同期社員の中川さん

彼女

▶

❷ その人からどんな「ストローク」を受け取りたいですか？

（記入例）

店長：毎日の重要行動を朝礼後にチェックしてもらう（ヨシ）

同期社員の中川さん：その日の反省を毎日退社後、
　　廊下でしてもらう（ハイ）

彼女：毎晩の電話で話を聞いてもらう（ほっこり）

「スターシート」を
完成させよう！

ワークシートへの書き込みが終わったら、
「スターシート」を引き出して、こちらに書き写し、「スターシート」を完成させましょう。
「記入日」の欄には「スターシート」を完成させた日づけを入れてください。

「スターシート」は折り込み式になっているので、
「スケジュール&ジャーナル欄」を書くときに広げておけば、
「スターシート」の内容を意識しながら、スケジュールを考えることもできますし、
「ジャーナル」欄への書き込み内容と「スターシート」を比較すれば、
自分が少しずつ目標に近づいている様子を実感することができます。
これが目標達成の強力な武器と楽しみになるのです。

さあ、これで、準備は完璧に整いました！

「スケジュール&ジャーナル欄」の書き込みをさっそく毎日始めてください。
「スケジュール&ジャーナル欄」の書き込みをすでに始めている人は
さらに継続できるように楽しみましょう。

S T A R T ！

※スターシートは下記のサイトにもアップしています。「仕事」「プライベート」など、テーマ別に作成したり、
　別のテーマで作成したいときなどに、印刷してご活用ください。
　https://d21.co.jp/special/978-4-7993-2059-4/starsheet.pdf

STAR

1 家で毎日する奉仕活動　　　　　職場で毎日する奉仕活動

2 4観点で目標を広げよう

社会・他者の
有形の目標

有形

あなた自身の
有形の目標

**社会
他者**

私

社会・他者の
無形の目標

無形

あなた自身の
無形の目標

3　　　年　　月　　日までに達成したい目標（ポジティブセンテンス）

原田隆史（はらだ たかし）

株式会社原田教育研究所代表取締役社長。三重県政策アドバイザー、奈良市生徒指導スーパーバイザー、高知市教育アドバイザー、元埼玉県教育委員。一般社団法人JAPANセルフマネジメント協会代表理事。ビジネス・ブレークスルー大学経営学部教授。

大阪市生まれ。奈良教育大学卒業後、大阪市内の公立中学校に20年間勤務。保健体育指導、生活指導に注力。問題を抱える教育現場を次々と立て直し、「生活指導の神様」と呼ばれる。独自の育成手法「原田メソッド」により、勤務3校目の陸上競技部を7年間で13回の日本一に導く。大阪市教職員退職後、大学講師を経て、起業。「原田メソッド」に多くの企業経営者が注目し、野村證券、キリンビール、三菱UFJ信託銀行、神戸マツダ、住友生命保険、ユニクロ、アステラス製薬、カネボウ化粧品、武田薬品工業などの企業研修・人材育成を歴任。これまでに約350社、7万人のビジネスパーソンを指導した実績を持つ。現在も、家庭教育・学校・企業の人材育成、講演・研修活動、テレビ出演、執筆活動など幅広い分野で活躍中。著書に『一流の達成力』（フォレスト出版）、『カリスマ体育教師の常勝教育』（日経BP社）、『成功の教科書』（小学館）など多数。

原田教育研究所　http://harada-educate.jp/
JAPANセルフマネジメント協会　http://www.japan-self.or.jp/

JAPANセルフマネジメント協会
原田隆史監修 目標達成ノート STAR PLANNER

発行日　2017年 4 月20日　第 1 刷
　　　　2023年 7 月20日　第27刷

Author	原田隆史
Illustrator	シュクヤフミコ
Book Designer	山田知子（chicols）
Publication	株式会社ディスカヴァー・トゥエンティワン
	〒102-0093 東京都千代田区平河町2-16-1 平河町森タワー 11F
	TEL　03-3237-8321（代表）　03-3237-8345（営業）
	FAX　03-3237-8323　https://d21.co.jp
Publisher	谷口奈緒美
Editor	藤田浩芳　編集協力：熊本りか
Cooperation	柴山健太郎（株式会社Freewillトータルエデュケーション代表／一般社団法人JAPANセルフマネジメント協会理事）
	高田まゆ香（一般社団法人JAPANセルフマネジメント協会）　石ヶ森久恵
DTP	有限会社マーリンクレイン
Printing	日経印刷株式会社

93-2059-4
2017, Printed in Japan.